Web
3.0时代
创新思维赋能数字未来

Web 3.0时代

创新思维赋能数字未来

徐俊·著

电子工业出版社
Publishing House of Electronics Industry
北京·BEIJING

内 容 简 介

互联网的每一次迭代都会给人类的生产和生活带来重大影响，也会催生新的增长点。Web 3.0 作为下一代互联网，是各界关注的焦点，前沿企业已抢先布局 Web 3.0，以适应新时代的技术变革。

本书从探索 Web 3.0 世界、Web 3.0 基础框架剖析和 Web 3.0 场景生态梳理 3 个方面入手，讲解了 Web 3.0 的相关概念、理念、支撑技术与演进趋势，着重介绍了区块链、NFT、DAO 和元宇宙等技术与应用，并阐述了 Web 3.0 与消费、金融、文体娱旅展、教育、社交及品牌营销等相结合所催生的新业态、新型"商家-用户"关系和虚拟数字资产增值需求。

本书内容翔实，通过厘清概念、剖析案例，帮助读者了解 Web 3.0 的发展趋势，让读者意识到创新思维是实现数字化发展的密钥，从而笃定地去探索数字未来的绚丽图景。

未经许可，不得以任何方式复制或抄袭本书之部分或全部内容。
版权所有，侵权必究。

图书在版编目（CIP）数据

Web3.0 时代：创新思维赋能数字未来 / 徐俊著. —北京：电子工业出版社，2023.9
ISBN 978-7-121-46323-5

Ⅰ. ①W… Ⅱ. ①徐… Ⅲ. ①信息产业—产业经济—研究 Ⅳ. ①F49

中国国家版本馆 CIP 数据核字（2023）第 170497 号

责任编辑：刘志红（lzhmails@163.com）　　特约编辑：王　纲
印　　刷：北京天宇星印刷厂
装　　订：北京天宇星印刷厂
出版发行：电子工业出版社
　　　　　北京市海淀区万寿路 173 信箱　邮编　100036
开　　本：720×1 000　1/16　印张：13.75　字数：220 千字
版　　次：2023 年 9 月第 1 版
印　　次：2023 年 9 月第 1 次印刷
定　　价：86.00 元

凡所购买电子工业出版社图书有缺损问题，请向购买书店调换。若书店售缺，请与本社发行部联系，联系及邮购电话：（010）88254888，88258888。

质量投诉请发邮件至 zlts@phei.com.cn，盗版侵权举报请发邮件至 dbqq@phei.com.cn。
本书咨询联系方式：18614084788，lzhmails@163.com。

前言

2021年被称为"元宇宙元年"。在这一年，Facebook（脸书）更名为Meta（元）。马克·扎克伯格宣布计划投资数十亿美元建设元宇宙。

2022年被称为"Web 3.0元年"。在这一年，全球巨头公司加速布局数字货币、GameFi、DeFi、NFT，大量优质Web 3.0应用面市。

事实上，早在2006年1月，最早一批Web设计师之一、被誉为"万维网标准之王"的Jeffrey Zeldman就提出了Web 3.0的概念。而元宇宙一词则于1992年就在科幻小说《雪崩》中出现了，表示一个人们在其中可以拥有自己的数字化身的虚拟世界。

元宇宙和Web 3.0为什么在近几年成为热门概念？元宇宙和Web 3.0是等同的吗？它们之间的关系是什么？我们需要做什么准备才不会被即将到来的新时代所抛弃？作者创作本书，就是试图找出上述问题的答案。寻求答案的过程是枯燥而痛苦的。但在这个过程中，作者由迷茫到兴奋，逐渐有了自己的思考和想法，并反思了当下的工作和生活。

"技术是影响未来世界走向的4个主要颠覆性力量之一"。每个人都必须对技术有所感知，对技术于我们生活和工作的影响要有所了解和准备。基于此，作者想把自己围绕Web 3.0所探寻到的知识分享出来，给更多的人提供帮助。

本书分为上、中、下3篇。前4章为上篇，涉及从Web 1.0到Web 3.0互联网模式的迭代、Web 3.0 的核心要点、现状和未来发展方向等内容，试图展现 Web 3.0 广阔的前景；第 5～8 章为中篇，涉及促进 Web 3.0 稳定发展的底层技术区块链、构成 Web 3.0 生态的资产媒介 NFT、去中心化的自治组织 DAO 和 Web 3.0 时代的网络形态元宇宙；第 9～14 章为下篇，借助真实案例讲述 Web 3.0 与消费、金融、文体娱旅展、教育、社交、品牌营销等融合所开辟的全新发展空间。

作为品牌建设和企业传播领域的专业人士，作者深切地感受到 Web 3.0 具有颠覆性力量，能够改变品牌营销传播的运作逻辑。因为组织及利益相关方之间的地位发生了根本性改变，产品的外延扩大了，沟通呈现出交互化，价值实现了共享。

希望本书能够引发品牌营销同行们对未来传播范式的思考，共同提升行业价值。Web 3.0 时代是一个新技术迭出，并且驱动产业、社会全方位变革的时代。面对这些不可思议的技术，焦虑、拒绝，甚至咒骂，都无济于事。唯有了解技术将如何改变商业环境和我们的日常生活，并尝试利用技术产生正向价值，才是正途。

短篇小说家、新西兰文学的奠基人，被誉为"100 多年来新西兰最有影响力作家之一"的凯瑟琳·曼斯菲尔德（Katherine Mansfield）说过："一个伟大的诗人必须首先是一首伟大的诗。"何为诗？《尚书·舜典》中说："诗言志，歌永言"，意为诗歌表达人的思想、愿望。

Web 3.0 时代是一首气势磅礴、动能无限的诗篇。我们应躬身入局，凭借创新力和技术，达成前所未有的目标，从而更好地服务于产业和社会的良性发展。Web 3.0 时代，由我们写就。

谨以本书献给努力绘制数字经济宏图的朋友们，以及孜孜探求创造品牌营销商业价值的同行们！鉴于作者水平有限，书中难免有不妥之处，恳请各位读者批评指正。在此，先行谢过！

目 录

上篇 探索 Web 3.0 世界

第 1 章 Web X.0：互联网模式的迭代 ········ 3

1.1 从 Web 1.0 到 Web 3.0：用户权限不断扩展 ········ 4
- 1.1.1 Web 1.0：只读模式的门户互联网 ········ 4
- 1.1.2 Web 2.0：读写交互模式的平台互联网 ········ 5
- 1.1.3 Web 3.0：开放、共建的用户互联网 ········ 6

1.2 Web X.0 的演进趋势 ········ 8
- 1.2.1 由中心化模式向去中心化模式转变 ········ 8
- 1.2.2 用户由体验者转变为创作者 ········ 10
- 1.2.3 从无数字身份转变为自主数字身份 ········ 11

1.3 Web 3.0 对互联网发展的重要影响 ········ 13
- 1.3.1 数字技术创新加速，为互联网迭代奠定基础 ········ 13
- 1.3.2 重塑现实世界与虚拟世界的规则 ········ 15

第 2 章 内核拆解：Web 3.0 的核心要点 ········ 17

2.1 Web 3.0 热点探究 ········ 18
- 2.1.1 生态解析：Web 3.0 如何重塑互联网生态？ ········ 18

    2.1.2　机会思考：Web 3.0 是真风口吗？ ································· 20
    2.1.3　层级架构：三层架构支撑 Web 3.0 运行 ························· 20
    2.1.4　技术难点：对 Web 3.0 规模化落地的考验 ······················ 22
  2.2　解读 Web 3.0 三大优势 ·· 23
    2.2.1　权属变更，将数据所有权归还给用户 ····························· 23
    2.2.2　身份统一，实现跨平台身份认证 ··································· 24
    2.2.3　由实向虚，重构互联网价值 ··· 25
  2.3　现存问题：伦理、法律和治理 ·· 27
    2.3.1　伦理问题：数据失控风险 ·· 27
    2.3.2　法律问题：隐私保护+数字资产认定 ······························ 28
    2.3.3　治理问题：Web 3.0 生态发展问题的治理路径 ················· 29

第 3 章　现状分析：布局者抢占 Web 3.0 新蓝海 ································· 31
  3.1　布局 Web 3.0 已成全球趋势 ··· 32
    3.1.1　美国：引导 Web 3.0 相关创新 ······································ 32
    3.1.2　新加坡：引领 Web 3.0 创业风潮 ··································· 33
    3.1.3　日本：将 Web 3.0 作为经济增长的切入点 ······················· 34
    3.1.4　中国：布局多个细分领域，完善 Web 3.0 基础设施 ··········· 35
  3.2　资本涌入：加速抢滩 Web 3.0 ·· 38
    3.2.1　Web 3.0 的发展离不开资本 ·· 38
    3.2.2　头部 VC 进军 Web 3.0 领域 ··· 39
  3.3　企业布局：抓住 Web 3.0 成长机遇 ·· 41
    3.3.1　微软：已投资布局，加速探索 ······································· 41
    3.3.2　字节跳动：以 NFT 为切入点，探索相关应用 ··················· 42
    3.3.3　天下秀：持续推进 Web 3.0 创新业务 ····························· 42
    3.3.4　微美全息：聚焦技术应用，加大研发力度 ······················· 45

第 4 章　未来图景：光明但未必平坦之途 46
4.1　Web 3.0 的发展是一个长期的过程 47
4.1.1　Web 3.0 的机遇和挑战 47
4.1.2　Web 3.0 推动新变革 49
4.2　Web 3.0 推动数字革命进程 51
4.2.1　加速数字资产创造，拓展数字经济发展空间 51
4.2.2　数字内容智能生成成为趋势 52
4.2.3　Web 3.0 驱动数字时尚的发展 53
4.3　Web 3.0 引领下的未来 55
4.3.1　数字钱包成为重要的支付方式 55
4.3.2　NFT 覆盖更多应用领域 56
4.3.3　现实世界与虚拟世界实现深度融合 58

中篇　Web 3.0 基础框架剖析

第 5 章　区块链：Web 3.0 生态稳定运转的底层技术 61
5.1　解析区块链 62
5.1.1　区块链的定义和运行逻辑 62
5.1.2　区块链的四大特点 64
5.2　区块链驱动 Web 3.0 发展 65
5.2.1　分布式存储是 Web 3.0 的基础设施 65
5.2.2　智能合约成为 Web 3.0 的交易机制 67
5.2.3　通证为 Web 3.0 运转提供权益证明 68
5.3　区块链支持的 Web 3.0 应用 70
5.3.1　Web 3.0 社交平台：支持用户构建社交资产 70
5.3.2　Web 3.0 游戏平台：融入经济模型 71

5.3.3　Web 3.0 交易平台：实现数字资产交易 ·················· 73

第 6 章　NFT：Web 3.0 生态重要的资产媒介 ·················· 75

6.1　解析 NFT ·················· 76
　　6.1.1　NFT：锚定数字资产的价值 ·················· 76
　　6.1.2　四大特性：唯一性+公开性+不可篡改+可交易 ·················· 77

6.2　NFT 在 Web 3.0 中的应用 ·················· 79
　　6.2.1　身份 NFT：个人身份的数字标识 ·················· 79
　　6.2.2　数字藏品 NFT，让数字内容具有收藏价值 ·················· 81
　　6.2.3　游戏资产 NFT：让游戏创造价值 ·················· 83

6.3　NFT 成为 Web 3.0 发展的重要推手 ·················· 85
　　6.3.1　企业通过搭建 NFT 平台入局 Web 3.0 ·················· 85
　　6.3.2　NFT 助力 Web 3.0 社区搭建 ·················· 86
　　6.3.3　NFT 房地产刺激数字经济发展 ·················· 87

第 7 章　DAO："去中心化+自治"的组织范式 ·················· 89

7.1　解析 DAO ·················· 90
　　7.1.1　DAO：一种全新的组织协作方式 ·················· 90
　　7.1.2　DAO 所解决的痛点及其核心价值 ·················· 91

7.2　DAO 六大应用类型盘点 ·················· 93
　　7.2.1　协议型 DAO：将投票权交给成员 ·················· 93
　　7.2.2　投资型 DAO：聚焦代币组合投资 ·················· 94
　　7.2.3　服务型 DAO：为具体问题提供解决方案 ·················· 95
　　7.2.4　媒体型 DAO：让创作者获得更多自主权 ·················· 96
　　7.2.5　社交型 DAO：以话题和爱好聚集用户 ·················· 97
　　7.2.6　收藏型 DAO：收集有价值的 NFT 作品 ·················· 98

7.3　构建基于 Web 3.0 的 DAO ·················· 99
　　7.3.1　一个完善的 DAO 包括哪些内容 ·················· 99

7.3.2 建立完善的贡献管理机制 ··· 101

7.3.3 DAO 治理机制：算法治理+投票治理+代表治理 ················· 102

7.3.4 SeeDAO：计划推出 DAO 孵化器 ······································ 105

第 8 章 元宇宙：Web 3.0 时代的网络形态 ··· 107

8.1 解析元宇宙 ··· 108

8.1.1 元宇宙的前世今生 ·· 108

8.1.2 技术基础：元宇宙是多种技术融合的体现 ·························· 109

8.1.3 明星项目：Decentraland+Sandbox ····································· 113

8.2 Web 3.0 与元宇宙 ·· 115

8.2.1 Web 3.0 与元宇宙有何关联 ·· 115

8.2.2 Web 3.0 与元宇宙相互交织，企业迎来哪些机会 ················· 116

8.3 Web 3.0 下的元宇宙生态 ··· 118

8.3.1 内容生态：沉浸式的内容交互方式 ··································· 118

8.3.2 虚拟数字人生态：AI 加持，更加智能 ······························· 119

下篇　Web 3.0 场景生态梳理

第 9 章 Web 3.0+消费：加速消费场景变革 ·· 123

9.1 Web 3.0 在消费领域的四大应用方向 ······································· 124

9.1.1 打造全新消费场景：星巴克升级会员奖励体系 ··················· 124

9.1.2 构建虚拟社区：Gucci 推出 Gucci Vault 社区 ······················ 126

9.1.3 推出数字商品 ·· 127

9.1.4 上线虚拟化身 ·· 129

9.2 企业实战：Web 3.0 新消费成为消费探索新方向 ······················· 130

9.2.1 京东：聚焦商品防伪和物流追溯 ······································ 130

9.2.2 蜂鸟惠购 Easy Go：构建去中心化消费生态系统 ················· 131

9.2.3 阿里巴巴：以 Web 3.0 技术全面服务用户端 ·············· 132

第 10 章 Web 3.0+金融：DeFi 成为新一代金融系统 ·············· 135

10.1 Web 3.0 推动金融变革，DeFi 成为趋势 ·············· 136
10.1.1 从中心化到去中心化，DeFi 诞生 ·············· 136
10.1.2 DeFi 的三大创新：技术创新+产品创新+模式创新 ·············· 137
10.1.3 DeFi 融合元宇宙，MetaFi 崛起 ·············· 139

10.2 DeFi 主要应用场景 ·············· 141
10.2.1 去中心化交易：实现数字资产的自动兑换 ·············· 141
10.2.2 去中心化借贷：通过智能合约质押数字资产 ·············· 142
10.2.3 去中心化支付：提供多样的支付功能 ·············· 143

10.3 Web 3.0 进程加快，DeFi 日渐成熟 ·············· 146
10.3.1 DeFi 成熟的标志：纳入更多用户，实现普惠金融 ·············· 146
10.3.2 DeFi 拓展资产类别，实现万物金融化 ·············· 147

第 11 章 Web 3.0+文体娱旅展：引领产业转型发展 ·············· 148

11.1 体验更加真实的 Web 3.0 游戏 ·············· 149
11.1.1 更新游戏体验：区块链让游戏更具趣味性 ·············· 149
11.1.2 游戏内容制作：PGC+UGC+AIGC ·············· 151
11.1.3 游戏虚拟化身：带来沉浸式游戏体验 ·············· 153
11.1.4 智能 NPC：AI 让游戏 NPC 更加智能 ·············· 154

11.2 Web 3.0 文娱内容生成，实现沉浸式视听体验 ·············· 156
11.2.1 Web 3.0 音乐：变革传统音乐利益分配模式 ·············· 156
11.2.2 Web 3.0 视频：NFT 功能融入视频平台 ·············· 158
11.2.3 百度 Web 3.0 音乐会：AI 和 XR 成为标配 ·············· 160

11.3 Web 3.0 展旅突破会展与旅游模式 ·············· 162
11.3.1 艺术展革新：提供身临其境新体验 ·············· 162
11.3.2 景区升级：融入 XR 技术，景区内容虚实相生 ·············· 163

11.3.3 苏小妹：虚拟形象化身城市 IP，助力城市文旅 ·················· 164
11.4 Web 3.0 虚拟现实技术助力健身产业发展 ························· 166
11.4.1 健康意识不断提高，大众健身成为趋势 ·························· 166
11.4.2 案例解析：Web 3.0 时代的数字健身系统 ························ 167

第 12 章 Web 3.0+教育：重构教育模式 ······························· 169

12.1 Web 3.0 优化课程体系 ··· 170
12.1.1 突破课程学习的时间、空间与资源限制 ························· 170
12.1.2 为学生制定个性化课程方案 ·· 171
12.2 Web 3.0 助力远程教育 ··· 172
12.2.1 虚拟课堂带来沉浸式教学体验 ····································· 172
12.2.2 数字人教师促进教育资源均衡 ····································· 173
12.2.3 数字人助理：度晓晓为高考学子护航 ···························· 174
12.3 Web 3.0 数字学习资产的应用范围 ······································· 175
12.3.1 数字藏品：赋能高校文化建设 ····································· 175
12.3.2 DAO 在线教育模式：学习者的福音 ······························ 176

第 13 章 Web 3.0+社交：实现去中心化的开放式社交 ················ 178

13.1 社交身份更新 ··· 179
13.1.1 DID：统一的去中心化数字社交身份 ····························· 179
13.1.2 POAP：参与 Web 3.0 社交活动的 NFT 徽章 ···················· 180
13.2 Web 3.0 社交的三大特点 ··· 182
13.2.1 沉浸式虚拟社交：虚拟形象+虚拟场景 ·························· 182
13.2.2 创造性：用户自由创造社交资产 ·································· 183
13.2.3 社交生态完善：社交与游戏、工作相结合 ····················· 185
13.3 Web 3.0 社交：展望未来社交图景 ······································· 187
13.3.1 Web 3.0 打造社交新图谱 ·· 187
13.3.2 Web 3.0+SocialFi：社交媒体的下一站 ·························· 189

13.3.3　MetaSocial：新型 Web 3.0 社交平台 189

第 14 章　Web 3.0+品牌营销：全新方式赋能品牌发展 191

14.1　Web 3.0 对于品牌营销的意义 192
　　14.1.1　更新品牌营销的认知与操作 192
　　14.1.2　Web 3.0 品牌营销的逻辑与路线图 193
　　14.1.3　Web 3.0 时代，品牌营销人应具备的素养 196

14.2　重构内容营销方式 197
　　14.2.1　Web 3.0 重构营销"人、货、场" 197
　　14.2.2　虚拟数字人登上营销舞台 198
　　14.2.3　虚拟商品汇成营销潮流 200
　　14.2.4　元宇宙：沉浸式数字营销场景 202

14.3　Web 3.0 营销推动品效增长 203
　　14.3.1　刷新认知：洞察 Web 3.0 营销 203
　　14.3.2　制定战略：使用科学的 Web 3.0 营销法则 204
　　14.3.3　选择平台：实践于 Web 3.0 主流营销平台 206
　　14.3.4　寄语品牌营销人：空杯心态+善用人工智能 206

上篇

探索 Web 3.0 世界

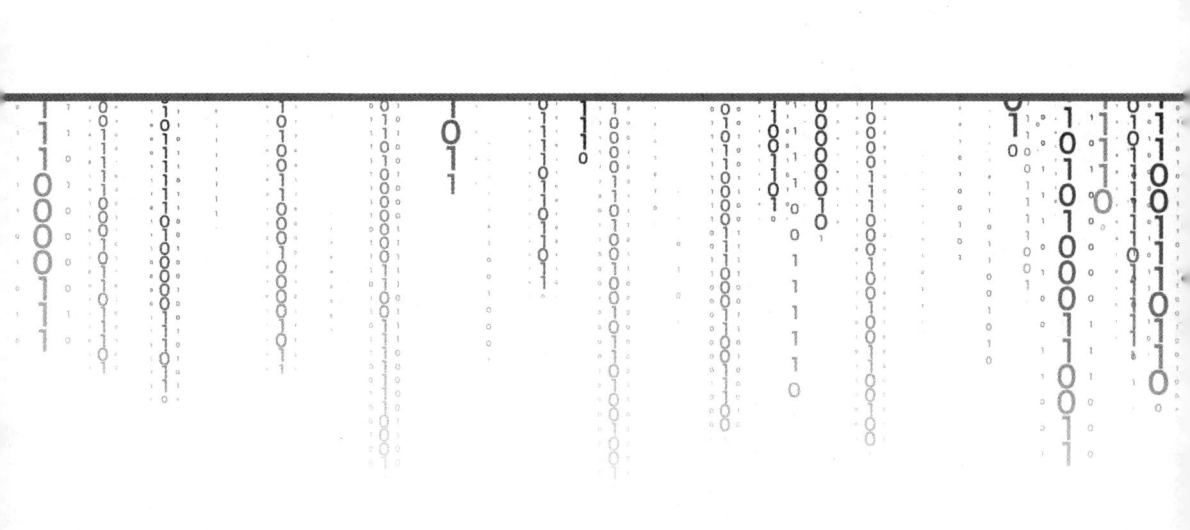

第1章

Web X.0：互联网模式的迭代

互联网是人类通信技术的升级，对人类社会的发展具有重大意义。从 Web 1.0 到 Web 3.0，互联网的模式不断迭代，已经并会继续对人们的生活、工作及社会的方方面面产生影响。

1.1 从 Web 1.0 到 Web 3.0：用户权限不断扩展

Web X.0 的每一次演进都伴随着用户体验的提升，从只读模式的门户互联网到读写交互模式的平台互联网，再到将要迎来的开放、共建的用户互联网，用户的权限不断扩展，用户在互联网世界中获得更多权益。

1.1.1 Web 1.0：只读模式的门户互联网

Web 1.0 是 Web 的起源。1991 年，蒂姆·伯纳斯·李建立了世界上第一个网站，标志着 Web 1.0 时代的开启。

由于是只读模式的门户互联网，因此 Web 1.0 也被称为静态互联网。Web 1.0 使用由 HTML（Hyper Text Mark-up Language，超文本标记语言）编写的静态网络页面，用户可以浏览网页内容，但无法对网页内容进行更改，更遑论交互了。

在这一时代，搜索引擎技术得以发展，在其帮助下，用户可以快速、便捷地找到自己所需的信息。此外，网络商业也得到了发展，许多网络商店在静态页面上展示其产品与服务，并提供在线购买服务。Web 1.0 的代表平台有 Google（谷歌）、搜狐、新浪等。

Web 1.0 主要有 4 个特征，如图 1-1 所示。

（1）网页是只读模式。用户只能浏览网站内容，网站提供什么，用户就查看什么，几乎不会产生互动。

（2）信息技术创新主导网站的发展。例如，新浪以技术平台发家，搜狐以搜索技术称雄，腾讯以通信技术傲视同行。在这些著名网站的起步阶段，技术成为关键推动力。

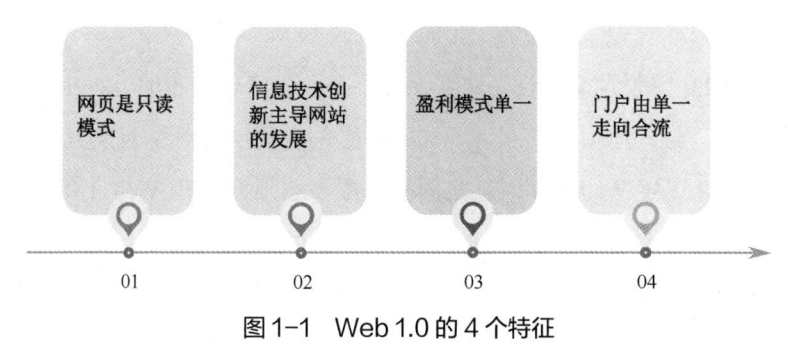

```
01  网页是只读模式
02  信息技术创新主导网站的发展
03  盈利模式单一
04  门户由单一走向合流
```

图 1-1　Web 1.0 的 4 个特征

（3）盈利模式单一。门户网站的盈利主要依托用户数量与点击量。点击量是网站盈利的主要来源，而用户数量决定了网站的盈利水平。

（4）门户由单一走向合流。腾讯、MSN 中国（微软在线）等企业致力于打造门户网站，向着综合门户合流方向发展，尤其是朝着新闻信息服务领域发展。这一现象出现的主要原因是门户网站的盈利空间更大、盈利方式更加多样，还能延伸出更多的服务。

Web 1.0 的典型应用是电子商务。电子商务是传统商业活动的电子化和网络化。许多企业都开展了电子商务业务。例如，大型连锁超市 Albertsons 发展电子商务业务，用户可以在线订购食品；阿里巴巴将自己定位为中小企业的电子商务平台。

1.1.2　Web 2.0：读写交互模式的平台互联网

Web 2.0 时代于 2004 年开启，以读写交互模式的平台互联网为代表。用户不仅是互联网内容的浏览者，还是互联网内容的创作者。用户由被动接收内容转为主动创造内容。

Web 2.0 主要具有以下特点。

（1）用户成为互联网内容的创作者。Web 2.0 时代的网站内容可以由用户自主发布，用户成为互联网内容的创作者，例如，博客网站就是典型的用户创造、发布内容的渠道。

（2）Web 2.0 更强调交互性，交互无处不在。在信息发布的过程中，用户能够与服务器交互、与其他用户交互，不同网站之间也能够进行信息交互。

（3）Web 1.0 与 Web 2.0 网站之间的界限不明晰。一些 Web 1.0 网站也具有 Web 2.0 的特性，例如，网络社区的内容也是由用户提供的。

（4）Web 2.0 网站的设计最符合 Web 标准，采取"CSS+XHTML"的应用模式，减少了大量代码和网络带宽资源的浪费，提高了网站的访问速度。

（5）Web 2.0 体现了互联网思想体系的更新换代。互联网由少数门户网站主导的自上而下的体系转变为用户作为内容创作者的自下而上的体系。

（6）Web 2.0 具有专属性。用户可以使用互联网平台，但无法拥有自身的数据。

Web 2.0 的典型应用是社交媒体与短视频平台。智能手机的出现使全球互联网信息加速扩散，形成了移动互联网，彻底改变了人们的生活，也催生了微博、微信、抖音等热门应用。

1.1.3　Web 3.0：开放、共建的用户互联网

Web 3.0 是一场全新的技术革命，被称为互联网发展的下一阶段。Web 3.0 基于分布式技术，致力于打造开放、共建的用户互联网。Web 3.0 主要有以下几个特点，如图 1-2 所示。

（1）开放性。在 Web 3.0 时代，应用具有开放性，用户可以跨越不同的应用生态，不同应用之间可以实现互联互通。同时，借助 NFT（Non-Fungible Token，非同质化通证）、合成资产等，用户可以将传统世界的财富融入 Web 3.0 世界中。

（2）隐私性。用户掌握自己的平台数据，进行价值转移无须经过平台的同意。

（3）共建性。在 Web 2.0 时代，用户进行内容创作会受到平台审核、跨平台限制等多方面掣肘。在 Web 3.0 时代，用户拥有更大的自由，区块链的代币激励

机制能让内容创作者获得更多权益。

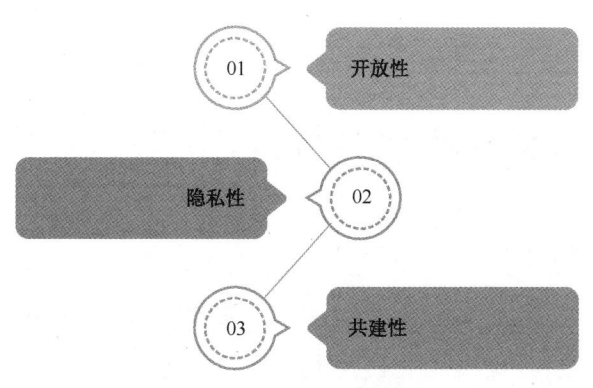

```
        01 ── 开放性
隐私性 ── 02
        03 ── 共建性
```

图 1-2　Web 3.0 的特点

在 Web 3.0 时代，用户的权利得到提升，所承担的责任也相应增加，最大程度地实现"权责对等"。用户在平台上拥有更高的权限，同时担负着维护整个平台的信誉的责任。用户数字资产的安全性得到保障，但用户要承担数字资产价格波动所引发的风险。

总之，Web 3.0 是一个用户共建、隐私保护、平台开放的生态体系。用户具有参与项目自治的权利，能实现价值生成和价值确权。

CHAPTER 1

1.2 Web X.0 的演进趋势

Web X.0 的发展历程是互联网由网站互联网向用户互联网进化的过程。在 Web X.0 的演进过程中，中心化模式转变为去中心化模式，用户由体验者转变为创作者，从无数字身份转变为自主数字身份。

1.2.1 由中心化模式向去中心化模式转变

去中心化是 Web 3.0 最大的特点。在谈论去中心化之前，我们先要了解什么是中心化。中心化指的是在一个体系中分布着许多节点，一个节点与另一个节点产生关联，需要通过一个特定的节点来达成。这个特定的节点就是一个中心。

Web 2.0 的大部分应用都是中心化应用。例如，淘宝是一个中心化应用。用户购买商品需要经过"付款—淘宝收款—淘宝通知商家发货—用户确认收货—淘宝将钱转给商家"的流程。淘宝充当用户和商家共同信任的第三方平台，成为一个交易中心，这便是中心化。

中心化模式存在以下缺陷：一是具有风险性，中心化平台有倒闭的风险，用户的权益无法得到保障；二是用户产生的交易数据会被中心化平台无偿使用，如果中心化平台管理不当，会导致用户隐私泄露，对用户造成严重的影响。

随着中心化模式的弊端日益凸显，去中心化模式应运而生。去中心化指的是一个系统中有许多节点，每个节点高度自治。这些节点可以任意组合，形成新的连接单元，也有可能成为暂时的中心，但不会强行控制其他节点。

在中心化系统中，节点必须依靠中心，无法脱离中心而存在。而在去中心化系统中，任何节点都可以成为一个中心，且任何中心都不是永久性的。以淘宝的购物场景为例，在去中心化系统中，用户购买商品的流程变成：用户付款给商家—商家收到货款后将商品寄给用户—完成交易。这样既省去了第三方平台的参与，也防范了第三方平台可能产生的风险。

总的来看，Web 3.0 去中心化模式具有以下 3 个优点，如图 1-3 所示。

图 1-3　Web 3.0 去中心化模式具有的 3 个优点

（1）容错能力强。由于去中心化系统不依赖中心节点，而依赖很多独立的节点，因此不会因为某个节点出现问题而导致系统停止工作。

（2）不易被攻击。去中心化系统能够降低被攻击的概率，因为系统中的某个节点被攻击并不影响整个系统的运行。

（3）数据无法篡改。在去中心化系统中，每个节点独立运行，数据不可更改，能够做到数据公开透明，更好地保护用户的隐私。

可见，Web 3.0 的去中心化特性可以为用户提供更加安全、透明和可信的服务，确保交易的真实性、完整性和不可篡改性，避免了传统中心化交易模式存在的潜在风险。

1.2.2 用户由体验者转变为创作者

在 Web 3.0 时代，随着以 AIGC（AI Generated Content，人工智能生成内容）为代表的新技术的出现和应用，用户的身份由单纯的体验者转变为内容创作者。AIGC 是一种新型的内容创作方式，能够在多个领域赋能用户进行内容创作。

（1）文本生成。AIGC 能够帮助用户生成文本，例如，新闻稿的撰写、商务邮件的编辑及风格改写。

用户在系统中输入一段对于所需文本的描述，系统便会基于之前机器学习的积累，根据用户的要求进行内容创作。例如，阿里妈妈推出一款"AI 智能文案"产品，借助 AI（Artificial Intelligence，人工智能）技术分析天猫、淘宝平台上大量产品的信息，以及明星产品的成功经验，并生成高质量的文案，满足商家推广自家产品的需求。

（2）视频生成。Pictory 是一款 AI 视频生成应用，用户可以在没有视频创作经验的情况下，借助其编辑、创作视频。用户只需要提供视频脚本和对成品在呈现、技术等层面的要求，Pictory 便可以输出一个制作精良的视频。此外，Pictory 还拥有利用文本编辑视频、创建视频精彩片段、为视频添加字幕等功能，大大降低了用户创作视频的门槛。

（3）音频合成。喜马拉雅为用户提供 AI 创作工具，助力用户实现音频创作。在音频行业，内容创作者多是"单打独斗"，因此往往选择演绎单播作品，极大地限制了声音的变现能力。喜马拉雅的"喜韵音坊"创作者平台融合了 TTS（Text To Speech，文本转语音）、ASR（Automatic Speech Recognition，自动语音识别）等 AI 技术，实现了音频行业突破式的发展。主播可以与 AI 合作，轻松实现不同声音匹配不同角色和情感，单个主播也能演绎多播作品。

一名在喜马拉雅进行音频创作的主播表示，"喜韵音坊"的音色类型多样，AI 还能够展现人物的不同情绪，无论是悲伤、愤怒还是钦佩、喜欢，都可以自如切换，满足主播的多种要求。

技术的发展为用户带来了诸多便利。借助这些 AIGC 创作工具，用户可以轻松生成更加丰富多彩的内容，由体验者转变为创作者。

1.2.3　从无数字身份转变为自主数字身份

数字身份是用户在数字世界的标识，可以是用户的姓名，也可以是用户的邮箱地址、昵称等。不过，当用户停止使用某平台后，他将会失去所有的信息数据，因为在当下，用户的信息数据由中心化平台所掌控，用户没有数字自主权。而在 Web 3.0 时代，用户拥有全新的数字身份 DID（Decentralized Identity，去中心化身份）。

DID 是一种具有自我主权的数字身份，主要包含 3 个部分，即 DID 标识、DID 文档和可验证凭证。每个 DID 只有一个 DID 文档，但可以有不限数量的可验证凭证。

（1）DID 标识：以一串特定格式的字符表示数字身份，包含固定前缀、分区标识、唯一号码标识 3 段信息。

（2）DID 文档：表示数字身份的特征，包含公钥、身份验证等内容。

（3）可验证凭证：是一种证明，借助加密算法与数字签名等技术验证某个数字身份持有人的某种属性。该凭证由权威机构签发，十分可靠。

数字身份 DID 是 Web 3.0 的核心要素之一，主要具有 5 个特征，如表 1-1 所示。

表 1-1　数字身份 DID 的 5 个特征

主要特征	特征概述
主动性	用户对于自身身份数据具有绝对的掌控权，能够对数据进行管理和控制
数字最大化	能够将数字技术和解决方案延伸到各个领域
多维度	能够建立全面且唯一的数字身份系统，有效避免网络欺诈与身份被盗用

续表

主要特征	特征概述
去中心化	能够借助去中心化的网络结构与防篡改的特性,避免用户的身份数据被中心化平台所控制
保护隐私	能够保障用户的隐私与信息安全,获得用户的信任

DID 应用区块链等技术,为用户制定可靠的身份验证方案,在 Web 3.0 时代,让数字身份成为用户所有并支配的身份凭证。

1.3 Web 3.0 对互联网发展的重要影响

Web 3.0 作为互联网下一轮迭代的方向，会进一步改变人们的工作与生活。这得益于许多创新型数字技术的涌现，它们重塑了现实世界与虚拟世界的规则。

1.3.1 数字技术创新加速，为互联网迭代奠定基础

数字技术创新与互联网的快速发展相辅相成、相互促进。互联网的快速发展离不开数字技术创新，而数字技术的演进为互联网迭代提供了更多可能性。以 5G、人工智能、大数据为代表的数字技术迅速发展，不断衍生出新模式、新产业，为各行各业提供解决方案，拓宽想象空间。

例如，联动优势科技有限公司（以下简称"联动优势"）运用 5G、大数据等技术，推出 5G 智能融合信息平台，以提高金融服务效率，降低运营成本，保护用户隐私。该平台已经在一些银行落地，并取得了显著的效果。

1. 以智能化管理实现数字化服务

联动优势针对金融机构业务场景，运用数字化技术，使得对用户信息进行统一智能化管理成为现实，同时实现了消息服务的智能化、全媒体化和金融服务的全量化。

（1）智能化。5G 智能融合信息平台建立了集中化的智能信息调度系统，能够整合多方投放渠道，实现一键登录、一键创建、智能分发和智能审批等功能，并与业务场景相融合，提高银行的工作效率。

（2）高性能。5G 智能融合信息平台采用 Spring Cloud 微服务架构，实现基础

服务与消息的模块化管理。

（3）高效率。为了能够快速响应金融行业的业务需求，5G智能融合信息平台制定了一整套业务解决方案，全面提升内容营销的效率，实现精准推送和个性化运营。

2．以服务新入口赋能数字金融创新

（1）5G智能融合信息平台应用门槛低，可实现对5G用户的全量触达，重建银行与用户的连接渠道。用户无须下载App或关注公众号，而是以短信为入口获取金融服务。

（2）5G智能融合信息平台能够为用户提供智能服务，包括智能服务机器人、支付、营销智能推荐等，覆盖多种金融业务场景，满足用户的多种需求。

（3）5G智能融合信息平台拥有自动化CH5回落能力，当用户手机无法收到5G消息时，平台能进行自动判别并提供解决办法，保障消息触达所有终端用户。

在教育行业，也有数字技术推动企业转型升级的案例。北京维周智能科技有限公司（以下简称"维周智能"）以Web 3.0为技术底座，依托XR（Extended Reality，扩展现实）、大数据、云计算等核心技术，打造了元宇宙智慧教育云平台。

元宇宙智慧教育云平台能够实现云平台数据中心与学校数据中心、多媒体教室终端等智能设备无缝衔接，为学生提供内容资源、沉浸式体验。元宇宙智慧教育云平台有6个主要模块，如表1-2所示。

表1-2　元宇宙智慧教育云平台的6个主要模块

主要模块	模块应用
虚拟数字人应用模块	教师与学生可以借助虚拟数字人技术进入元宇宙，进行多模态交互
元宇宙场景群建设模块	搭建了多个教育场景，包括教室、实验室等，使学生身临其境，获得沉浸式体验
元宇宙虚拟仿真内容平台模块	建设了多个垂直学科领域的虚拟仿真平台，实现元宇宙场景应用与内容搭建的对接，并提供SaaS（Software as a Service，软件即服务）化工具服务，为学生提供内容共享系统，打造聚量教育数字资产平台

续表

主要模块	模块应用
元宇宙多维度智能教学评价体系模块	分析学生的数据，构建学生的学习画像，并提出个性化教育方案
元宇宙教育教学资产管理模块	对教育数字资产进行确权，保护教师与学生的教育资源
基于元宇宙教学系统的新型教师培训体系模块	为教师提供虚拟教学环境，对教师进行培训

目前，维周智能已经与多个学校开展合作，为师生提供智能化教学场景和个性化教学策略，以提升教学效果。

数字技术创新不断加速，持续赋能各行各业，推动互联网迭代。而互联网的迭代对创新型数字技术的需求增加，促使各企业加大数字技术研发投入。

1.3.2 重塑现实世界与虚拟世界的规则

不断涌现的 Web 3.0 新技术正在重塑现实世界与虚拟世界的规则。NFT 技术的出现，调整了数字作品的产权规则，建立了新的数字产权与信任关系。

NFT 是借助区块链技术进行确权的数字凭证，能够关联现实世界和虚拟世界中的资产，进而在数字市场上进行交易。由于 NFT 具有不可替代性，因此能够作为数字权益凭证，明确数字作品的归属，促进数字知识产权保护机制的发展，如图 1-4 所示。

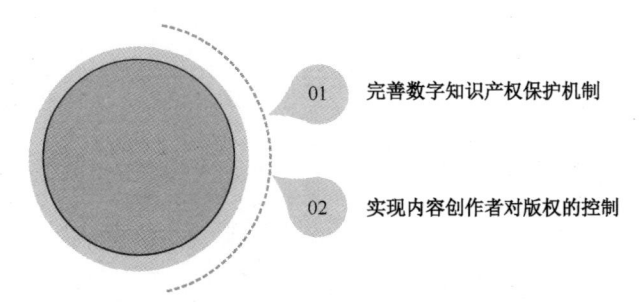

图 1-4 NFT 对数字知识产权保护机制的贡献

- 01 完善数字知识产权保护机制
- 02 实现内容创作者对版权的控制

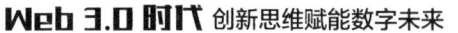

1. 完善数字知识产权保护机制

在互联网时代，数字作品的版权保护实施起来十分艰难。网民只需要截屏、拍照，便可以对他人的数字作品进行复制、转载和传播，版权所有者监控和维权的难度大。而 NFT 能够完善数字产权保护机制，实现数字作品的确权与维权。数字作品的版权信息可以借助 NFT 技术存储在区块链上，并完成版权登记，有效降低了维权的难度。

2. 实现内容创作者对版权的控制

对于内容创作者来说，NFT 不仅可以完善数字知识产权保护机制，还可以帮助其有效管理和行使数字资产的所有权。NFT 使得数字作品的价格和交易过程公开透明，且不可篡改。内容创作者可以追踪数字作品的交易与收入情况，以确保通过出售数字作品获得经济回报。

NFT 搭建了虚拟世界与现实世界之间的桥梁，重塑了虚拟世界与现实世界的规则，保障了数字作品所有者的权益。

第 2 章

内核拆解：Web 3.0 的核心要点

想要使当下爆火的 Web 3.0 不是"虚假繁荣"，就要使更多的人真正了解 Web 3.0。本章将探究 Web 3.0 的相关热点，解读 Web 3.0 的优势及现存的一些问题。

CHAPTER 2

2.1 Web 3.0 热点探究

在产业、商业和生活层面,Web 3.0 都有广阔的发展前景和无限的跃升空间。很多企业跃跃欲试,想要进入 Web 3.0 赛道,却不知如何切入。要想成为 Web 3.0 的"弄潮儿",企业必须了解一些与 Web 3.0 相关的热点问题。

2.1.1 生态解析:Web 3.0 如何重塑互联网生态?

Web 3.0 连续两年成为科技热词,那么 Web 3.0 究竟是什么?

Web 3.0 是以区块链技术为依托的去中心化互联网,是 Web 2.0 的升级和迭代。

在 Web 3.0 环境下,用户不再需要在中心化平台上建立多重身份,而是在一个去中心化平台上建立一个通用的数字身份,并凭借这一数字身份通行各个平台,同时在不同平台上使用自己的数据。

在 Web 3.0 时代,各网站的信息可以自由交互。Web 3.0 能够整合用户在不同平台上的信息,为用户铸造完整的身份。

Web 3.0 不仅是对互联网技术的革新,还是在统一的通信协议基础之上,为用户提供个性化互联网信息定制的技术整合。Web 3.0 深入发展的方向将从互联网技术的创新转变为服务用户理念的创新。

Web 3.0 生态包含以下 4 个模块,如图 2-1 所示。

(1)用户身份。这一用户身份被称为去中心化身份,为用户所拥有和掌握,方便用户使用和控制。用户身份具备更高的安全性和开放性,在方便用户使用的同时,能够保障用户的隐私,防止用户因隐私泄露而遭受损失。用户通过数字钱包建立多个虚拟身份，在 Web 3.0 生态中参与交互。

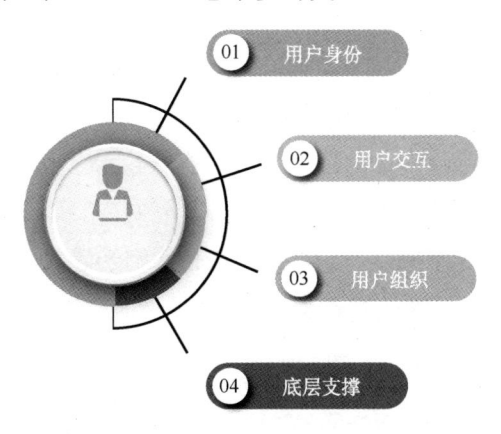

```
01 用户身份
02 用户交互
03 用户组织
04 底层支撑
```

图 2-1　Web 3.0 生态的 4 个模块

（2）用户交互。Web 3.0 通过区块链技术实现用户交互，进而实现价值创造、分配和流通。

（3）用户组织。用户建立自治组织，在组织的相互协作中为 Web 3.0 生态创造各种协议、工具和应用。

（4）底层支撑。区块链、分布式存储等技术为 Web 3.0 提供底层技术支撑。

Web 3.0 生态主要具有以下几个特征。

（1）去中心化。用户的身份、数据和信息完全掌握在自己手中，不为任何机构或平台所控制。任何机构或平台对用户身份的认证都只是用户身份集合中的一个元素。

（2）表现形式。用户能够将各机构或平台颁发给自己的身份信息存储在区块链上，区块链地址往往就是用户的钱包地址。

（3）使用方式。用户通过钱包即可登录各大应用平台，登录方式更加便捷、高效。

在 Web 3.0 时代，网络无处不在，人类与网络的关系更加密不可分，网络逐渐从扁平化向立体化演变，成为人类真正的生活场所和交互空间。

2.1.2 机会思考：Web 3.0 是真风口吗？

Web 3.0 很有可能成为互联网的下一个风口。它将为互联网生态带来七大变革：一是为用户建立新的身份体系；二是为互联网内容建立新的产权体系；三是催生大量的去中心化平台应用；四是提升用户数据和隐私的安全性；五是重构互联网生态的组织模式；六是建立新的互联网平台业态；七是孕育出新的商业模式。

Web 3.0 浪潮翻涌而来，人工智能、云计算、AR（Augmented Reality，增强现实）等数字技术也不断深入发展。在数字技术的助力下，Web 3.0 能够为用户构建一个身临其境的虚拟世界，并打造出相对稳定的去中心化互联网生态和数字商业场景，进而改善用户体验，为企业开辟新的商业变现渠道。这正是 Web 3.0 广受投资者青睐，成为一个新的投资风口的原因所在。

Web 3.0 将给人们的生活、工作和社会的发展带来显著的变化，主要体现在互联网的价值主权和准入自由方面。用户的行为不再受平台的限制和束缚，而是以去中心化的方式轻松实现数字资产的存储和流通。DeFi（Decentralized Finance，去中心化金融）和 NFT 等多种新型业态，不仅吸引了硅谷科技企业积极投身 Web 3.0 浪潮，还使得数字藏品在国内外广受欢迎。Web 3.0 去中心化应用成功解决了当下互联网的部分技术难题，点燃了投资者的热情。

在用户端，可以预见的是，让用户享有内容主权并促成内容价值有效流通的下一代互联网生态，将受到用户的追捧。

而从迎合用户需求出发，进而实现自身经营发展的企业应势而动，加入 Web 3.0 浪潮，与技术开发者和用户一起，共同打造 Web 3.0 的良好生态。

2.1.3 层级架构：三层架构支撑 Web 3.0 运行

基础层、平台层和应用层共同组成 Web 3.0 的技术根基，支撑 Web 3.0 平稳运行。

基础层是构筑 Web 3.0"大厦"的"地基"，其核心是区块链技术，包括跨链、算力网络、分布式账本、智能合约、密码学技术和分布式存储等，负责提供难以篡改、留痕追溯和多方共识的数据治理能力。

基础层的区块链主要由联盟链和公链构成。其中，联盟链由小规模可信主体节点构成，通常有明确的运营主体，可管可控，但其用户范围与网络规模较小。随着联盟链接入的场景越来越多、规模越来越大，联盟链业务方及用户的数据公开在链上沉淀，联盟链上的不同业务能够实现数字资产和数字内容的跨平台互通。用户可以在业务 B 中使用业务 A 的数据，也可以将不同业务中的数据资产整合到自己的区块链账户中。而公链则能够面向全球用户，容纳大规模匿名用户节点。但其没有上链门槛，很容易导致监管困难，进而滋生非法融资等问题。

构建 Web 3.0 生态不一定要基于公链。随着联盟链的应用范围越来越广泛，以联盟链为基础的 Web 3.0 基础设施正在加速构建。Web 3.0 的技术理念并不是形成精湛的互联网技术能力，而是提升产业、制度和理念的开放程度。

平台层是 Web 3.0 总体架构的核心，能够为数据安全保护、应用生态搭建、数字资产交易和应用交互操作提供定制化、模块化的解决方案。这相当于提供构建 Web 3.0"大厦"所需的各种通用材料，例如，基于区块链平台的数字钱包、数字资产管理、数字身份、分布式金融、通证发行和流通等组件。平台层主要采用大数据、云计算、人工智能、渲染与 3D 建模和 XR 等技术。

在 Web 3.0"大厦"中，应用层相当于工作和生活场所，构建在可组合组件和分布式基础设施之上，以满足不断丰富的应用需求。应用层涉及的范围更广，技术类别也更多，各项技术的融合发展为应用层不断拓展巨大的发展空间，同时为 Web 3.0 创造更多的可能性。应用层将重构传统互联网的应用场景，如跨境支付、数据流通、知识产权管理和供应链管理等。同时，应用层还催生众多在数字产权回归背景下建立起来的数字原生应用形态，如游戏、社交、协作、金融等。

随着 Web 3.0 生态的不断成熟与进化，支撑其发展的三层架构也将不断更新、完善，实现进一步拓展。

2.1.4 技术难点：对 Web 3.0 规模化落地的考验

去中心化、安全透明、价值流通、沉浸体验……Web 3.0 无疑打破了传统互联网数据中心化的弊端。但 Web 3.0 想要真正进入人们的日常生活还有很长的路要走，原因之一就是 Web 3.0 的落地应用还存在技术难点。

作为一种新兴互联网应用业态，Web 3.0 融合了人工智能、机器学习、AR、VR（Virtual Reality，虚拟现实）、区块链、加密货币、公链、网络币、5G、智能合约和地理服务等众多新兴技术。

要想实现 Web 3.0 生态设想，需要从底层搭建 Web 3.0 网络基础设施。现阶段，Web 3.0 的基础设施建设主要聚焦于技术端的研发和应用。就目前火热的区块链技术而言，其运用于 Web 3.0 应用生态的构建还面临许多挑战，如区块链平台多、技术体系多、技术差异大等，应用开发者难以全盘掌握。

同时，依托区块链技术的智能合约的相关配套设施尚未完善，还缺少开发、测试、安全审计等方面的工具。在开发模式和运维模式上，区块链应用与传统应用存在较大差异，加大了区块链应用的开发难度。

在 Web 3.0 生态中，每产生一笔交易，都需要实时更新大量数据，相应的通信量巨大。在数据量和存储量极为庞大、数据极度去中心化的前提下，去中心化的区块链交易的速度很可能会低于目前集中式管理的交易速度。如何提高区块链交易的效率也是 Web 3.0 在规模化落地前需要突破的技术难点。

第 2 章 内核拆解：Web 3.0 的核心要点

CHAPTER 2

2.2 解读 Web 3.0 三大优势

Web 3.0 广阔的发展前景源自其自身的三大优势：权属变更，将数据所有权归还给用户；身份统一，实现跨平台身份认证；由实向虚，重构互联网价值。

2.2.1 权属变更，将数据所有权归还给用户

将数据所有权归还给用户是 Web 3.0 的核心特征，也是 Web 3.0 的重要优势。Web 3.0 让用户自己掌控自己的数据，在保障数据安全的基础上，进一步实现了用户对数据的可操控。数字内容不再只是简单的数据，而是用户的数字资产。Web 3.0 为用户数据提供资产级别的保障，打破了传统互联网平台"捆绑"用户的局面。

为此，Web 3.0 需要依靠区块链钱包交互与数据加密技术，这对浏览器的存储和计算能力提出了较高要求。随着分布式存储、云计算等技术和基础设施的不断完善，这一问题逐渐得到解决。

以社交图谱为例。在 Web 2.0 时代，微信、QQ、Twitter（推特）等社交平台得到广泛应用。由于每个社交平台属于不同的机构或公司，因此各平台相互隔离并有着不同的业务侧重点。在这一阶段，平台掌控着用户的社交数据，用户的社交图谱依托平台而存在。如果用户想从一个平台迁移至另一个平台，那么其之前所积累的社交关系将瓦解，用户需要在另一个平台上重新建立社交关系。

在 Web 3.0 生态中，用户只需要通过社交图谱便可以自由穿行在不同的应用平台和社交网络中。用户对所有的交互都有自主控制权与永久所有权，且各应用间的组合性和复合性都不受限制，用户所处的云端世界更具流动性和开放性。用

户所建立的社交网络和社交关系会贯穿在去中心化的社交图谱中，用户信息存储于 Web 3.0 的区块链上。社交图谱帮助 Web 3.0 生态拓展更加丰富的应用场景和更加广泛的商业价值。换言之，相较于 Web 2.0 时代的社交图谱，去中心化的社交图谱赋予专业人士和普通用户更大的想象空间。

Lens Protocol 是一个基于区块链的社交图谱协议，以集中的形式建立起社交网络用户之间的联系。Lens Protocol 具有组合性和无许可性，允许用户拥有他们的数据，让用户能够相对便捷、安全地建立自己和社区之间的联系。

Lens Protocol 的用户拥有其社交数据的所有权。用户可以在任何基于 Lens Protocol 协议构建的应用程序中使用统一的身份。作为内容权限的所有者，用户不再需要担心因平台的审查而失去自己所创作的内容。此外，Lens Protocol 中的任何一个应用程序都能够使整个社交生态系统受益，将零和应用模式转变为协作应用模式。Lens Protocol 的开发人员只需要聚焦于为用户打造良好的社交体验，而不再需要通过反馈机制来获取用户的关注。

目前，Lens Protocol 社交应用能够实现关注者、帖子、用户档案、分享、点赞和评论等功能，进一步深化了数据与数据布局之间的关系。Lens Protocol 利用 NFT 支撑社交媒体的关键功能，用户的个人信息也可以转化为 NFT。Lens Protocol 的每个关注者都持有一个相对应的关注者 NFT，每篇帖子也会有一个相对应的帖子 NFT。

如今，Lens Protocol 在加密社区和区块链中获得了越来越多的关注，已成为以太坊生态中贷款平台的重要分支之一。Lens Protocol 能够弥补当前社交网络的部分缺陷，将成为 Web 3.0 社交应用生态中的重要基础设施。

2.2.2 身份统一，实现跨平台身份认证

Web 3.0 具有统一且平台间互通的身份认证系统（DID），能够标记和整合用户跨平台的互动信息，并在信息由用户完全掌控的前提下完成身份认证。通俗来

讲，就是一个人的身份可以跨平台，即在所有平台上，用户可以使用同一身份登录或退出，而且信息在自己的掌控之下。

在 Web 3.0 生态中，用户数据全部上链，进一步保障用户身份、信息和行为的透明性，奠定用户在互联网上身份信任的基石。Web 3.0 生态中的数据支持跨平台调用和读取，以保障链上用户身份的组合性和通用性。用户的身份证明、个人声誉、票据、驾照、护照和金融借贷等，都可以转化为用户所掌控的链上信息。也就是说，用户通过一个数字身份便可畅游所有的 Web 3.0 应用。

DID 是 Web 3.0 未来发展中不可或缺的一环，它能够使用户在 Web 3.0 生态中拥有统一的数字身份，实现跨平台身份认证，推动互联网去中心化发展。

2.2.3 由实向虚，重构互联网价值

Web 3.0 绘制了一幅全新的互联网生态图景，在这幅图景中，用户地位得到极大的提升，不仅能够参与互联网平台规则的制定，还能够通过内容创作获取收益。

具体来说，个人信息不再是互联网的免费资源，而是用户的数据资产，用户可以从信息的流转中获得收益。这将给互联网生态带来颠覆性变革，用户的创作热情也将因此而不断地被激发。同时，数据资产也将给整个互联网生态的商业模式和组织形式带来全新的变化。

Web 3.0 不仅推动了互联网技术和应用的创新，还推动了互联网组织架构的系统化升级和整体演进。通过智能合约、共识协议、分布式应用和加密通信等创新设计，Web 3.0 探索新型的互联网架构，重构互联网中各数据要素的价值。

NFT 和元宇宙是 Web 3.0 的主要应用场景。其中，NFT 主要依附于区块链技术，通过智能合约来完成账本记录。每一枚 NFT 代币都具有独特性，有望成为互联网价值创造的机器。如今，NFT 正在成为 Web 3.0 区块链运营的新载体，连接数字世界和现实世界中的资产。

元宇宙既能为用户提供身体机能无限延伸的愉悦体验，又能让用户在虚拟世

界中进行房屋、土地等资源的炒作和交易。在一些知名的元宇宙平台上，一块虚拟土地曾被炒到上百万美元的天价。

元宇宙在一定程度上解决了现实世界中资源稀缺和资源分配不均衡的问题，用户在其中可以充分彰显其个性和创造力，释放天性。元宇宙还能与现实世界相互贯通，用户在元宇宙中获得的收益能够用于现实世界中的消费。

第 2 章
内核拆解：Web 3.0 的核心要点

CHAPTER 2

2.3 现存问题：伦理、法律和治理

Web 3.0 的发展前景是光明的，但发展道路注定是曲折的。在伦理、法律与治理 3 个层面，Web 3.0 存在一些有待解决的问题。

2.3.1 伦理问题：数据失控风险

Web 3.0 复杂的网络拓扑结构（包括数据存储、参与者和接口），会在一定程度上增加网络安全的压力。尽管区块链交易是加密的，分散的数据会降低数据被攻击和审查的风险，但依然有数据失控的可能性，如图 2-2 所示。

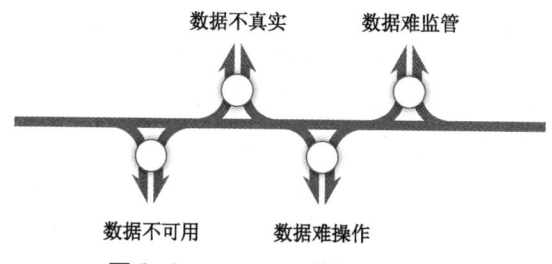

图 2-2 Web 3.0 数据失控风险

1. 数据不可用

在 Web 3.0 生态中，用户掌控着数据，但一旦数据不可用，Web 3.0 的应用程序或流程便很可能受到影响。

2. 数据不真实

用户掌握数据权限，平台难以对数据进行审查，可能出现信息准确性和数据

质量的问题，如数据安全问题、虚假信息和错误信息等，从而影响平台在零信任、不提取用户身份信息的情况下所获取数据的质量和真实性。

3．数据难操作

Web 3.0 的数据操作风险主要包括：

（1）网络传输的未加密数据被拦截或窃听；

（2）注入恶意脚本以执行应用程序命令；

（3）黑客通过冒充用户节点，获取用户数据；

（4）数据攻击者克隆用户钱包密码。

4．数据难监管

Web 3.0 网络流量过载、端点被攻击和服务上出现的其他漏洞，都可能降低 IT 监督的效果，而且数据安全问题涉及面更大，因此，管控好数据监管风险是 Web 3.0 亟待解决的难题之一。

2.3.2 法律问题：隐私保护+数字资产认定

Web 3.0 还面临一些法律上的问题。如果管理不善，这些问题会以多种形式呈现，造成用户信息和资产失窃，给用户带来重大损失。Web 3.0 生态中两种常见的法律风险如图 2-3 所示。

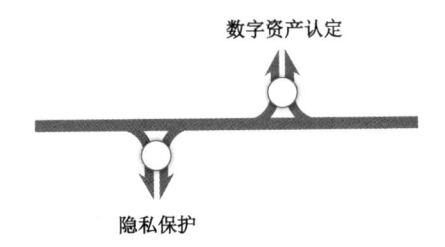

图 2-3　Web 3.0 生态中两种常见的法律风险

1．隐私保护

Web 3.0 比 Web 2.0 更好地保护了用户隐私。为了更好地打通数据，进一步实现确权，并使用户能够通过数据获取收益，用户需要在 Web 3.0 平台中公开自己的数据，并为数据定价。然而，如何在用户数据公开与数据隐私保护的前提下，定义用户数据的价值，平衡数据运用与数据安全之间的关系，并最终使平台与用户之间形成共识，是 Web 3.0 广泛落地前，在法律层面应该解决的问题。

2．数字资产认定

目前，Web 3.0 生态中极具代表性的数字资产是 NFT。NFT 与虚拟货币有着本质的区别，但其也需要接受监管。2022 年 4 月，中国证券业协会、中国银行业协会和中国互联网金融协会联合发布了《关于防范 NFT 相关金融风险的倡议》，提出 NFT 应当去虚拟货币化、去证券化、去金融化。NFT 参与主体和运营主体应当按照法律规定发行 NFT，避免触及虚拟货币炒作的法律红线。

NFT 作为虚拟资产，无法进行实体交付，也无法通过公信力进行登记交付。NFT 数字资产存在于链外，具有数字形式或物理形式的原始版本。这些特性使得 NFT 的持有者要考虑资产原始确权时的知识产权问题和数字资产交付时的数字资产认定问题。

加密货币的"加密"是指使用加密技术和加密算法来维护网络安全。虚拟货币被严格监管，加密货币也面临着同样的安全问题。在缺乏监管和保护的情况下，加密货币会被随意使用，对金融系统的稳定产生影响，投资者和消费者也会因此面临资产风险和法律危机。此外，加密货币还可能沦为一种洗钱工具，威胁到 Web 3.0 虚拟世界中的财产权。

鉴于以上几点，Web 3.0 需要解决用户创作内容的模式、如何准确定义内容的资产权限并限制他人挪用资产，以及如何解决权限争议等问题。

2.3.3　治理问题：Web 3.0 生态发展问题的治理路径

如何有效治理 Web 3.0 面临的诸多问题和避免乱象的出现？下面是 3 个主要的治理方向，能为 Web 3.0 平稳且持续地发展保驾护航。

1. 加强数据合规

Web 3.0 是围绕数据价值而构建的互联网新生态，数据合规是需要解决的重点问题。在硬件方面，硬件厂商应该保障数据来源符合法律规定，遵循数据收集、处理、知情、授权、使用等方面的原则，进而保障数据使用合法合规。硬件厂商需要在符合数据交易规定的前提下和法律允许的范围内进行数据资产交易，从而保障数据的安全使用和流通。

2. 强基建，立标准

Web 3.0 需要通过技术创新和升级，让用户与建设者共建共享数据资源，加快重构互联网经济的商业模式和组织形式。当前，虽然 Web 3.0 的基础设施与相关技术尚未完善，商业模式也处于初级阶段，但建立 Web 3.0 的通用标准既是必要的，也是相对容易的，更有利于为建设安全高效、权属清晰的新型基础设施提供规范与指导。

3. 建立合适的监管规则

当前，针对 Web 3.0 生态发展的监管规则还不够完善。一方面，相关规则的制定要坚持维护数字权限的原则，以智能合约为重点，以用户为切入点，切断分布式网络中非法交易的路径；另一方面，监管规则的制定要符合市场经济的规律，激发市场主体参与的积极性。同时，监管规则的制定也要符合数字经济发展的实际情况，力求做到规范、明确、合理、公平，保持推动数字经济发展与维护数据安全二者之间的平衡。

第 3 章

现状分析：布局者抢占 Web 3.0 新蓝海

Web 3.0 浪潮席卷全球，为各个领域的发展提供了新动能。放眼全球，不同的国家和企业都试图抢先布局 Web 3.0，抢占 Web 3.0 新蓝海，促进经济和自身业务增长。

CHAPTER 3

3.1 布局 Web 3.0 已成全球趋势

世界各国都在极力推动 Web 3.0 发展，开启了激烈的角逐战。美国、新加坡、日本和中国纷纷落子，布局 Web 3.0 已成全球趋势。

3.1.1 美国：引导 Web 3.0 相关创新

美国聚集了超过全球半数的 Web 3.0 创业企业与投资者，在积极开展各种实践的过程中，遇到了许多问题，其解决这些问题的思路与方法引导了 Web 3.0 领域的相关创新。

美国在政策方面对 Web 3.0 给予了许多支持。有关部门曾举行过一场主题为"数字资产和金融的未来"的听证会。会上，相关人员汇报了 Web 3.0 的发展情况，使参会众人了解了 Web 3.0 的重要战略意义。听证会后，美国陆续出台了许多政策，针对 Web 3.0 发展中的一些问题给予解决方案。

例如，美国颁布了一项行政令，表明了对加密资产的态度，认为加密资产能够促进数字资产的平稳发展；提出了金融创新法案，为数字资产的发展建立了完整的监管框架，有利于促进新兴行业的合法合规发展；计划将纽约打造为加密货币与其他金融创新活动的中心。

这些动作表明，美国将 Web 3.0 作为新时代竞争的重点，积极引导相关创新。

3.1.2　新加坡：引领 Web 3.0 创业风潮

新加坡已经成为全球 Web 3.0 创业的重要节点。以 Coinbase、a16z 为代表的头部 Web 3.0 企业相继在新加坡设立了研发部门和区域总部；抖音与中国的一些创新企业将新加坡作为其全球化发展的战略据点；世界各地的互联网从业者纷纷来到新加坡，开启其在 Web 3.0 领域的创业之路。

新加坡为什么吸引了如此多的 Web 3.0 拥趸？新加坡经济协会副主席李国权结合 Web 3.0 行业现状与新加坡 Web 3.0 的发展经验做出了解答。他表示，新加坡国土面积较小，在金融与科技创新方面保持十分开放的态度，真诚欢迎来自世界各地的人才、技术与资金。未来，新加坡的这一发展策略也不会动摇。

新加坡接纳金融科技创新创业企业开展一些现行法律框架无法容纳，或者暂时无法满足监管机构合规要求的金融创新尝试。为此，新加坡推出了"监管沙盒"政策，允许创新项目在新加坡进行试验。该政策促使许多具有创新能力的企业在新加坡设立研发部门。

新加坡的 Web 3.0 业态发展得如火如荼，这得益于两个方面。一方面，新加坡的学校与专业机构培养、输送了许多 Web 3.0 领域的专业人才；另一方面，新加坡在《支付服务法》中明确了数字 Token（通证）的牌照。企业在新加坡申领数字货币的支付牌照比较容易，即便企业还未取得牌照，也可以开展特定的业务。

在整体的营商环境上，新加坡拥有各个领域的专业人士，如律师、专业顾问人员、各行各业的成功人士等。新加坡规定，在其国内设立企业，需要有一个新加坡人或永久居民作为董事。当地人士能够为新设立的企业提供专业服务与真知灼见，企业能以较低的成本得到所需的市场、政策和监管等信息。

新加坡包容的发展环境使其成为创业者的聚集地。截至 2023 年 3 月，新加坡拥有超过 47 家加密货币交易所，包括知名本土企业与头部区块链机构。2022 年，总部位于新加坡的金融科技公司共进行了 232 笔交易，其中不乏一些

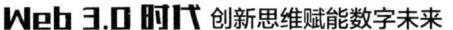

创纪录的交易。

新加坡计划在 Web 3.0 发展的第一阶段吸引许多需要金融牌照的企业入驻，继而在第二阶段以开放、友善的创业环境和完善的监管环境吸引 Web 3.0 创新企业，从而引领 Web 3.0 创业风潮。

3.1.3　日本：将 Web 3.0 作为经济增长的切入点

日本有关部门认为，Web 3.0 时代的到来，尤其是元宇宙、NFT 等数字服务场景和应用，会推动日本经济增长。因此，日本十分重视 Web 3.0 的发展，采取了一系列相关措施。

著名的数字资产交易所 FTX 于 2022 年 6 月 3 日宣布在日本推出 FTX Japan，以吸引全球加密货币交易所在日本进行商业活动。日本曾经对加密货币上线交易做出严格的规定，导致部分本土企业"外逃"。但如今，日本加大开放力度，不再严格限制加密货币交易。

日本还颁布了全球第一部稳定币法案《资金决算法案修订案》。在这部法案中，稳定币被定义为加密货币，持牌银行、注册过户机构与信托公司可以发行加密货币。稳定币被认为是推动 Web 3.0 发展的关键因素，可以与日元挂钩，持有者可以使用稳定币购买各种代币。《资金决算法案修订案》的颁布将促进 Web 3.0 的发展，日本还计划通过修订相关法律来没收用于洗钱的加密资产，从而整肃混乱的加密货币交易市场，防控风险。

在投资方面，日本的业内人士较为关注 DAO（Decentralized Autonomous Organization，去中心化自治组织）和 NFT，认为大力推广 DAO 和 NFT 能够拉动全球资本对于 Web 3.0 公司的投资，部分日本企业为此成立了 Web 3.0 风险投资部门。

此外，他们还认为 DAO 具有重大影响力，能够使日本社会从传统的中心化组织转变为去中心化组织。日本的许多乡村已经在探索 DAO 模式。例如，一个名为山越的小乡村尝试面向全球发行 NFT。购买 NFT 的用户可以拥有电子居民身份卡，对山越村的发展提出建议并行使投票权。持有 NFT 的用户还可以入住山越村的住宅。

日本十分重视 NFT 和虚拟世界的发展，试图在影视、动漫等文化产业中引入 NFT，将大型 IP 与 NFT 融合。许多有影响力的日本影视机构纷纷布局 NFT。

3.1.4　中国：布局多个细分领域，完善 Web 3.0 基础设施

在 Web 3.0 发展初期，其底层基础设施仍不完善。国内企业更倾向于在细分领域进行布局，助力完善 Web 3.0 基础设施。我国在 Web 3.0 领域的产业布局可以分为 5 类，如图 3-1 所示。

图 3-1　我国的 Web 3.0 产业布局

1. 数字藏品

我国的许多企业都搭建了数字藏品平台，为数字藏品的基础设施建设作出了贡献。比较出名的数字藏品平台如表 3-1 所示。

2. 虚拟数字人

虚拟数字人是实现人机交互的关键，也是 Web 3.0 的重要组成部分。许多企业暗暗发力，依托技术，打造形象各异的虚拟数字人。例如，百度推出了央视虚拟主持人"小 C"、冬奥 AI 手语虚拟主播；阿里巴巴推出了冬奥宣推官、虚拟主持人"冬冬"；字节跳动推出了虚拟偶像女团 A-soul；小冰公司推出了虚拟清华学生"华智冰"等。虚拟数字人已经进入产业爆发期，未来将朝着类型进一步细分、智慧程度进一步提升的方向发展。

表 3-1　国内数字藏品平台汇总

平台名称	平台背景	平台概况
鲸探	由阿里巴巴推出	主要功能有数字藏品的展示、购买、收藏。2021 年 6 月，鲸探与敦煌美术研究所合作发布了第一款数字藏品"幸运飞天"，开启了数字藏品发行之路
百度超级链	由百度推出	自创立起，先后发布了博物馆系列的"千手观音"、珍藏版"天坛瑞兽"等数字藏品
Hi 元宇宙	由陕西旅游集团旗下的博骏文化和骏途网联合推出	拥有一条完整的授权、创作、发行产业链，是中国文博领域 NFT 第一平台
灵稀	由京东推出	依托京东云提供的区块链技术服务打造数字藏品，为各大企业提供数字藏品打造服务。品牌数字礼盒、品牌文创产品等为平台中主要的数字藏品
唯一艺术	由唯艺数字技术有限责任公司推出	平台数字藏品覆盖国潮、数字时尚、动漫、体育等领域。2022 年 3 月，国家工业设计研究院唯一艺术分院成立

3．游戏

2022 年上半年，游戏行业的收入与用户规模都有一定程度的下降。为了使游戏行业重新焕发生机，许多公司将 Web 3.0 游戏视为新的业务增长点。例如，南京暮云合数字科技有限公司推出了一款 Web 3.0 游戏《源起山海》，包含 Web 3.0 国风游戏、虚拟数字人直播和数字藏品 3 个元素。

4．社交

社交是用户的重要需求之一。为此，不少企业都大力探索 Web 3.0 社交软件，试图抢夺红利。例如，南京霸颜科技有限公司推出了霸颜 App，满足用户的社交需求。霸颜 App 基于去中心化原则，推崇"真情实感+即兴"的社交，致力于让用户掌握社交的主动权。霸颜 App 强调让社交回归真实，以记录用户的真实生活为主，让互联网成为用户真实世界的数据延伸。

5．供应链

全球经济的发展对供应链的管理水平提出了更高的要求。Web 3.0 与供应链相结合，能够提高运营效率，简化供应链中产品召回的流程。

例如，爱尚购是一个去中心化的消费生态系统，将价值互联网作为基础网络，实现线上商城与线下本地生活的一体化，覆盖多个消费场景。尤其是在打造数字化供应链方面，爱尚购能够满足企业客户的需求。

我国 Web 3.0 产业在发展规模、模式和路径上，与国外有很大的差异，这与我国对于加密货币的严格监管有关。但我们有理由相信，未来，我国的 Web 3.0 应用会在合法合规的前提下，呈现出百花齐放的态势。

CHAPTER 3

3.2 资本涌入：加速抢滩 Web 3.0

近几年，数字经济与实体经济的融合进一步加深，互联网产业高速发展，云计算、大数据等技术为 Web 3.0 的发展提供动力。Web 3.0 已经成为全球热点，优秀人才进入 Web 3.0 领域创业，一些行业内领先的科技公司纷纷投资 Web 3.0 相关行业。在这种背景下，大量资本涌入，加速抢滩 Web 3.0。

3.2.1 Web 3.0 的发展离不开资本

Web 3.0 在初期想要获得发展，离不开资本的介入。资本可以为加密货币、区块链等 Web 3.0 的主要技术投入资金，带动 Web 3.0 的整体发展。

a16z 全称为 Andreessen Horowitz，是一家于 2009 年成立的投资机构，具有布局早、投资大、投资周期长的特点，其最出名的 Web 3.0 投资案例是对 Coinbase 的投资。2013 年，Coinbase 只是一个名不见经传的初创公司。a16z 领投了 Coinbase 2500 万美元的 B 轮融资，股价为每股 1 美元。如今，Coinbase 已经成长为一个著名的加密货币交易平台。

从 2013 年到 2020 年，a16z 共计对 Coinbase 进行了 8 次投资。2021 年 4 月，Coinbase 在纳斯达克上市，当日市值高达 858 亿美元。据报道，a16z 的投资回报超过 70 亿美元。

从 2013 年开始，a16z 对 Web 3.0 相关项目进行"疯狂"投资。所投资的项目不仅时间跨度长，覆盖范围也较为广泛，从加密货币、区块链到 NFT、游戏等领域均有涉猎。

在加密领域，a16z 于 2021 年 6 月投资了加密货币公司 Worldcoin；2021 年 9 月，投资了加密通信网络公司 XMTP；2022 年 6 月，投资了致力于 Web 3.0 身份验证的公司 Dynamic。

在区块链方面，a16z 投资了 OpenSea、Coinbase 等知名区块链项目，还围绕 Web 3.0 推出基金项目，主要投资方向有去中心化内容平台、去中心化金融、加密价值存储、加密支付方式等。

在游戏娱乐领域，2022 年 3 月，a16z 投资了游戏初创公司 Battlebound。a16z 还投资了深耕区块链的公司 Forte、区块链游戏公司 Virtually Human Studio、游戏工作室 Faraway 等初创企业，构建 Web 3.0 游戏娱乐体系。

a16z 不仅进行投资，还对被投项目进行体系化的投后管理。在 a16z 公司中，70%的员工从事咨询、招聘、商务拓展等投后管理工作，为被投项目提供强大的服务支持。

自 Web 3.0 这一赛道出现以来，在 2021 年这一年中，一些资本出手尤为大方。截至 2021 年年底，投资公司对于 Web 3.0 相关行业的投资规模高达 330 亿美元。资本的大力投入为 Web 3.0 的发展提供了前进的动力和保障。总之，Web 3.0 的发展离不开资本，而资本期望依靠投资 Web 3.0 相关项目获得巨大的回报。

3.2.2　头部 VC 进军 Web 3.0 领域

优质 VC（Venture Capital，风险投资）往往以发展的眼光看待新兴事物，能够洞悉未来技术发展趋势，从而做出正确的投资决策。Web 3.0 作为公认的技术趋势之一，吸引了众多 VC 的关注，以红杉资本为代表的头部 VC 开始进军 Web 3.0 领域。

红杉资本在投资 Web 3.0 项目时一改往日的投资风格，以红杉基金为中心的永久性结构替代了传统的 10 年周期制的投资模式，这意味着红杉资本会投资一些超过 10 年才能赚钱的项目。

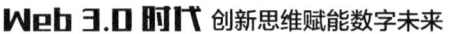

红杉资本的投资经验丰富，包括上线一个专门投资 Web 3.0 创业公司的基金、参与 Web 3.0 电子协议平台 EthSign 的种子轮融资、参与投资 Web 3.0 隐私系统 Espresso Systems、参与区块链公司 Polygon 的融资等。

2022 年 1～4 月，红杉资本共投资 17 家 Web 3.0 相关企业，显示出其对 Web 3.0 领域的重视和期待。红杉资本的项目信息大多来自推特，其投资经理会在推特平台上关注 Web 3.0 领域的创业者并对其进行投资。

Coinbase Ventures 是一支于 2018 年成立的风险投资基金，主要投资加密货币与区块链技术，涉及 Web 3.0 基础设施、去中心化金融、集成开发工具与 NFT，涵盖加密生态的各个方面。截至 2023 年 3 月，Coinbase Ventures 投资了将近 400 个交易，涉及 40 多个国家和地区。

还有一些 VC 选择在 Web 3.0 领域下注。例如，游戏领域风投企业 Griffin Gaming Partners 成立了一支价值 7.5 亿美元的基金用于投资 Web 3.0 项目；Haun Ventures 是 a16z 前合伙人创立的风投机构，在 Web 3.0 领域投资了 15 亿美元；美国著名的风投机构 Accel Partners 和 SplitRock Partners 向备份软件公司 Code 42 投资了 5250 万美元。

头部 VC 的投资表明其十分看好 Web 3.0 的未来发展，而 Web 3.0 势必能为其带来巨大的利润回报。

3.3 企业布局：抓住 Web 3.0 成长机遇

虽然 Web 3.0 的全面落地还要假以时日，但是显而易见，Web 3.0 具备为社会带来有价值的新技术、丰富的应用场景和为企业带来巨大利益的潜力。于是，许多企业纷纷布局 Web 3.0，试图抓住新的成长机遇，借势发展。

3.3.1 微软：已投资布局，加速探索

著名跨国科技企业微软深耕互联网行业多年，具有敏锐的投资眼光。面向 Web 3.0，微软已进行多重投资布局，加速探索。

2021 年 12 月，微软旗下的风险投资基金 M12 领投加密货币初创公司 Palm NFT Studio 的 B 轮融资。Palm NFT Studio 为创作者提供战略与技术服务，帮助创作者建立 NFT 市场。M12 对 NFT 的发展十分看好，认为以 NFT 为首的加密资产是 Web 3.0 发展的关键，所做投资旨在帮助 Palm NFT Studio 扩大技术平台，拓展服务领域。

2022 年 3 月，微软与软银、淡马锡和 ParaFi Capita 等投资公司共同注资区块链初创公司 ConsenSys，金额高达 4.5 亿美元。ConsenSys 创立于 2014 年，广受欢迎的产品有 MetaMask 和 Infura。MetaMask 帮助用户使用应用程序对代币进行管理，Infura 助力开发人员创建以太坊应用程序。ConsenSys 方面曾表示，融资所得将用于员工招聘及产品升级，并将最终所获收益转化为以太币。

在游戏领域，微软收购了游戏巨头动视暴雪，交易价值达 687 亿美元，是微软发展史上规模最大的一次收购。为了完成这次收购，微软拿出其 53% 的现金存

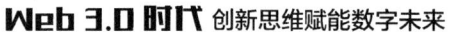

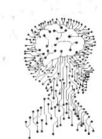

储。完成这笔交易后，微软成功位列世界第三大游戏公司，不仅拥有了 4 亿游戏用户，还完成了在元宇宙游戏领域的布局，拥有了搭建元宇宙的基石。

微软认为，随着 Web 3.0 的发展，现实世界与虚拟世界将逐渐融合，到那时，游戏将会在元宇宙平台扮演重要角色。

3.3.2 字节跳动：以 NFT 为切入点，探索相关应用

为了抢占 Web 3.0 时代的发展机遇，各企业分别从不同角度进行探寻。字节跳动以 NFT 为切入点，通过自己的海外短视频平台 TikTok 进军 NFT 市场，推出首个 NFT 系列——TikTok Top Moments。

TikTok Top Moments 由 6 个视频组成，这些视频来自 TikTok 上的知名创作者，包括 Lil Nas X、Bella Poarch、Curtis Roach 等，以感谢内容创作者为 TikTok 的发展所作的贡献。TikTok 还邀请这些创作者与知名 NFT 艺术家共同打造限量版 NFT。这些 NFT 在 Immutable X 的支持下在以太坊售卖，售卖所得收入分配给内容创作者与 NFT 艺术家。

TikTok 认为，内容创作者是平台的核心，希望能够借助 NFT 促进自身发展，支持用户的内容创作。

TikTok 有意将区块链技术作为其整体战略布局的一部分，并与区块链流媒体平台 Audius 展开合作，推出一项名为 "TikTok Sound" 的新功能，让用户将 Audius 的歌曲导入 TikTok。TikTok 的许多用户通过这一新功能认识新歌手、聆听新歌曲。TikTok 与 Audius 达成合作后，Audius 的用户群体超过 500 万人。

字节跳动依托原有业务拓展 Web 3.0，既可以降低试错成本，也可以巩固基础业务，并跟上时代前进的步伐。

3.3.3 天下秀：持续推进 Web 3.0 创新业务

天下秀意识到，Web 3.0 能够完善内容创作的基础设施，提高内容创作者的创

作效率与收入。作为前沿技术的探索者，天下秀深度布局 Web 3.0 领域，从以下几个方面持续推进 Web 3.0 创新业务，如图 3-2 所示。

01 提升创作者的内容价值

02 进军数字藏品

03 实现元宇宙的由虚向实

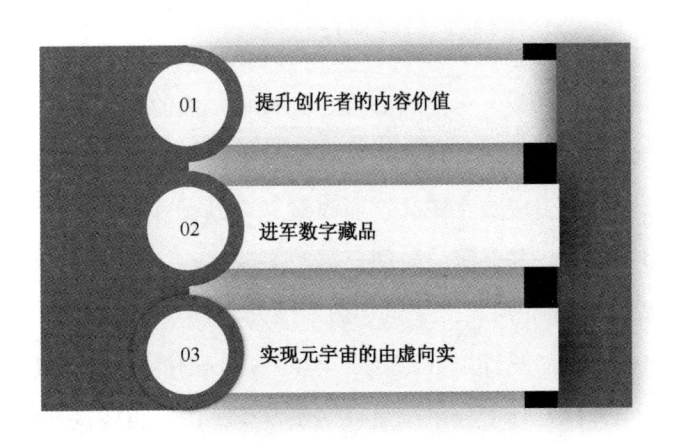

图 3-2　天下秀的创新业务布局

1. 提升创作者的内容价值

天下秀认为，内容创作者扩大了我国互联网广告产业的规模，但是创作者的内容变现能力较弱，而技术有益于提高创作者的内容变现能力。在 Web 1.0 时代，一件商品在电商平台售卖几十元到几百元；在 Web 2.0 时代，依托社群、直播等创新型营销模式，商家能够实现上百万元的销售额；在 Web 3.0 时代，借助去中心化、权属明确的技术体系，内容创作的基础设施得以重构，衍生出全新的商业模式与分配规则，内容创作者的创作效率与收入得到大幅提高。

为此，天下秀借助新技术，提高了品牌方与内容创作者之间的匹配度。天下秀的业务有两大板块：一个是"内容创作者营销平台"，另一个是"红人经济生态链创新业务"。天下秀的"WEIQ 红人营销平台"包含内容创作者的类型、粉丝画像等数据，可以根据广告主的要求，为其匹配合适的创作者，继而向创作者发放订单，从业务交易中抽取佣金。天下秀既为内容创作者提供了全新的展示平台，也帮助品牌方构建了高效的营销模式。2021 年，天下秀为内容创作者带来超过 30

亿元的收入。

2. 进军数字藏品

2022 年年初，天下秀以 TopHolder 头号藏家入局数字藏品领域。TopHolder 头号藏家是一个面向内容创作者的数字藏品工具集，使用区块链技术，对数字化素材进行加密、存储，形成一份能够确权、具有唯一性的数字藏品。

据天下秀介绍，内容创作者可以在 TopHolder 头号藏家上对自己的数字作品进行登记与溯源上链，生成数字藏品；而收藏家可以在 TopHolder 头号藏家上了解数字藏品的相关信息，并在第一时间获得数字藏品。

TopHolder 头号藏家先后与虹宇宙和微博展开合作。在微博上，TopHolder 头号藏家是唯一的数字藏品发行平台。2022 年 4 月，TopHolder 头号藏家与路虎·揽胜、艺术家邬建安合作发行了数字藏品《切换作车子的宇宙能量》，并迅速售罄；5 月，与国家图书馆合作，发布了《诗词中的国家图书馆》数字藏品，实现了数字艺术与传统文化的结合。此外，TopHolder 头号藏家还先后与中国科技馆、敦煌画院等机构开展合作。

继 TopHolder 头号藏家后，天下秀于 2022 年 7 月发布了数字藏品展示硬件——HASHII 加密数字版画。加密数字版画能够借助加密硬件钱包将权证信息与数字版画绑定，解决了数字藏品的发布与收藏问题。这一应用的推出，为数字藏品带来了全新突破，拓宽了文化艺术品的使用场景，使之能触达更多用户。

3. 实现元宇宙的由虚向实

元宇宙业务是天下秀新场景生活业务群的重要组成部分，其为此打造了虹宇宙，能够容纳许多内容创作者并承载不同的商业生态系统。以服装创作为例，服装设计师如果在虹宇宙中设计了一款服装，该作品经区块链认证后便可以作为有形产品在虹宇宙中出售。

虹宇宙自上线内测以来便受到极大的关注，预约用户数量超过 50 万。天下秀为了发展虹宇宙，在社区内引入红人资源，搭建粉丝沟通渠道，并与众多知名品牌展开合作。例如，虹宇宙与红酒品牌"拉菲"合作，为拉菲虎年限定发售的新品打造虚拟营销空间；与龙湖集团合作，为其新开发的楼盘打造"元宇宙售楼处""元宇宙样板间""虚拟装修场景"等，赋能实体房产营销。

天下秀在上述 3 个方面的布局持续推进 Web 3.0 领域的创新业务。未来，天下秀将持续吸引优秀的内容创作者，借助新技术输出更多优质内容。在硬件方面，天下秀把 VR 眼镜等硬件设备引入虹宇宙，打造一个具有开放性的商业系统，延伸数字经济价值，持续为实体经济赋能。

3.3.4　微美全息：聚焦技术应用，加大研发力度

微美全息是一家专注于全息 AR 应用技术的公司。目前，投资市场对于人工智能、区块链、虚拟现实等技术十分重视，微美全息紧抓这一机遇，聚焦技术应用，加大研发力度，带领行业持续发展。

微美全息深耕 AI 系统生态的完善与实用化，并以此打造自身的核心竞争力。为此，微美全息成立了科学院，探索全息 AI 视觉技术，研究创新性技术，已经成为全息 AI 领域的整合平台之一。

集成全息 AI 人脸识别、全息 AI 换脸、全息数字生命是微美全息具有代表性的 3 个技术系统。微美全息同样重视数字孪生这一颇具潜力的技术，探索基于数字孪生的智能生产新模式，并将其视为现实世界与虚拟世界融合的有效手段。微美全息将数字孪生应用到智慧城市、智慧交通等领域。例如，依据城市信息模型建立三维城市空间模型，能够对整个城市实行立体可视化管理，使智慧城市实现智能管理。

数字孪生的应用前景十分广阔，有望从新兴市场走向主流市场。微美全息与产业链上下游的伙伴合作，建立了 AI 发展矩阵，为物联网、工业和社区等多个行业开发数字化应用，紧抓数字科技革命和产业及社会管理变革的新机遇。

微美全息努力聚焦技术发展，赋能传统产业优化，将全新技术与现代生活深度融合，开发出一些有价值的应用场景。

第 4 章

未来图景：光明但未必平坦之途

Web 3.0 已经展露出互联网未来发展的基本雏形，推动了数字革命的进程，改变了互联网的运营规则。随着其基础设施的逐步完善，Web 3.0 的应用范围将更加广泛，并将塑造更加先进、文明的互联网生态。

CHAPTER 4

4.1 Web 3.0 的发展是一个长期的过程

Web 3.0 的浪潮不断翻涌，互联网正处于 Web 2.0 向 Web 3.0 演进的重要节点上。从产业战略预判和前瞻研究的角度来看，Web 3.0 的发展将是一个光明而漫长的过程。

4.1.1 Web 3.0 的机遇和挑战

未来，Web 3.0 赋予产业的优势将越来越突出，但同时其潜能的完全实现也会面临一些挑战。下面分别从机遇和挑战两个角度展望 Web 3.0 的未来。

1. 机遇

（1）网络世界中的价值流通。Web 3.0 利用区块链技术将数字内容资产化，使用户通过私钥掌握和管理数字资产的流转。这有利于用户从数字内容创作中获取收益，促进网络世界中的价值流通。

（2）分布式存储。区块链技术能够构建开放的技术生态，通过数据流通规则合约化、对等式通信协议和分布式数据存储，降低数据安全风险，为互联网企业和用户的数据安全提供更强大的保障。

（3）用户数据权属掌控。Web 3.0 将数据权益交还给用户。用户充分掌控数据权属，对自己所创作的内容享有充分的使用权。

（4）新型商业模式和大体量数字经济。Web 3.0 的数字资产体系在推动数字经济发展的同时，降低了商业活动中多方参与者之间的信任成本。在价值流动中，涌现众多新型商业模式，拓展新的数字经济市场增长空间，创造巨大的数字经济

市场。

2. 挑战

在国际层面,各市场主体出于其主权安全和保持国际竞争优势的考虑,会搭建 Web 3.0 去中心化分布式网络,导致全球互联网被分割成若干"分裂网",出现多个 Web 3.0 数字生态共存的局面。

可以预见,非西方国家会打造更加均衡或者自主的数字供应链和更加多元化的数字服务供应商库,鼓励自己的科技企业走向国际市场,寻找 Web 3.0 生态建设过程中的业务发展机遇。但在国际市场竞争加剧的背景下,这些企业的全球化拓展很可能面临来自不同意识形态的经济主体的排斥甚至打压,从而加大全球 Web 3.0 产业发展的不确定性。

反观国内市场,Web 3.0 将对国内现有的行业治理体系提出挑战,对互联网治理和监管提出新课题。其原因在于:一方面,国内现有的基础设施难以满足去中心化运营的需求。建设以区块链技术为核心的基础设施需要投入大量的人力、财力和物力,现有的 Web 2.0 平台有能力建设相关的基础设施,但这有可能导致平台继续控制着用户数据和内容的所有权。另一方面,去中心化的互联网在倒逼企业进行管理变革的同时,也将衍生出新的行业形态和新型社会组织,从而带来新的风险管理问题。例如,依托区块链技术而建立的匿名社区给互联网监管带来新的挑战;DeFi 产品中蕴含的金融风险给金融监管部门带来压力;需要防范新型组织形态中出现违法犯罪行为的风险。

互联网技术的发展极大地提升了人际、组织间、组织与个体间的沟通效率。虚拟现实技术的成熟,使得人们在 Web 3.0 时代能够跨越空间实现面对面沟通。但是,虚拟现实场景中的沟通能替代面对面的对话吗?

人是社会化动物,但当下,不少年轻人"社恐",喜欢"宅"在家里。"看得见、摸不着"的沟通对于人类社会会产生怎样的冲击?如何防止人们在技术赋予的沉浸式体验中沉沦下去,忘却了人际交流的价值?这些都不是危言耸听的议题,而是人们需要提前思考和解决的重要问题。

第 4 章
未来图景：光明但未必平坦之途

任何新兴业态的发展都是全新机遇与陌生风险并存，Web 3.0 也不例外。Web 3.0 能够为互联网开辟一条宽广的发展通途，其未来是光明的，但其发展过程是曲折的。

4.1.2　Web 3.0 推动新变革

有人说 Web 3.0 是一场数据变革，也有人说 Web 3.0 是一场技术变革，其实这些都是片面的看法。对于 Web 3.0 所带来的变革，可以从以下角度加以分析，如图 4-1 所示。

图 4-1　Web 3.0 推动新变革

1. 数据变革

用户身份的自主权和数据的所有权都将回归到用户手中。由此，互联网将更加开放、平等，更能维护用户利益。

2. 信任变革

Web 3.0 使信息互联网转化为价值互联网，并催生去中心化的分布式金融和分布式经济。这些新业态发展的根基是技术背书的信任机制，在互联网世界中，用

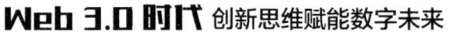

户间、组织间的信任成本有望减少，信任经济得到发展。

3．组织变革

在 Web 3.0 生态中，企业组织的物理痕迹或将被"抹除"。企业没有章程，没有董事会，没有管理层，只依靠算法就可以开展各类业务经营活动。同时，不具备具体形态的虚拟组织将成为企业业务经营的内在驱动力。

4．体验变革

随着 Web 3.0 技术应用不断落地，互联网将更加个性化、智能化、人性化。用户通过 VR、AR 和 XR 应用，人机接口及可穿戴设备，便能够在全息立体空间中沉浸式地参与活动和交互。

5．社会变革

Web 3.0 覆盖生产、消费、商务、娱乐和社交等领域，各类网络应用模式都将被赋予不同的内涵，必将形成新的社会观念和集体认知。

6．用户关系变革

每个用户都能够在 Web 3.0 生态中拥有自己的"灵魂"，与社区中的其他用户自下而上地聚集在一起，共建一种新型的去中心化社区。

7．技术变革

Web 3.0 融合大数据、人工智能、云计算、虚拟现实、生物工程、区块链、产业互联网和芯片密码等前沿科技，是一次互联网技术创新性变革。

很多互联网科技公司加速布局 Web 3.0 这一互联网技术变革的新风口。"Web 3.0+商务""Web 3.0+娱乐""Web 3.0+社交"等逐渐成为互联网发展潮流。2021年，Facebook 创始人马克·扎克伯格将 Facebook（脸书）正式更名为 Meta（元），立志打造一家元宇宙企业，并宣称要将科幻小说中所描绘的终极互联世界搬到现实中。此外，Twitter 在自己的主产品中融合了 Web 3.0 应用。Google 在 2022 年 5 月组建了一支强大的 Web 3.0 团队。

Web 3.0 是互联网的一种新形态，是时代变革的驱动器，它所带来的变革具备颠覆性意义。

4.2 Web 3.0 推动数字革命进程

Web 3.0 使数字资产的创造更加高效，数字经济的发展空间更加广阔，内容创作更加灵活和智能。Web 3.0 逐渐成为数字时尚发展的驱动力。

4.2.1 加速数字资产创造，拓展数字经济发展空间

Web 3.0 正在构筑一种新型数字场景，构建一个产权共享的新型数字经济体系。这不仅能进一步保障用户的数据和信息安全，还打破了平台对数据和信息的垄断。

Web 3.0 生态中的数字经济体系将重构数字金融交易与财富数字化，建立一套完善的数字产权体系。基于区块链技术的 NFT 将被广泛应用于数字资产产权的处置。在 Web 3.0 时代，用户的数字资产通过 NFT 记录在区块链上，形成数字化资产的 NFT。NFT 还将被广泛应用于视频、音乐、图片等数字作品的产权流转和保护中。

Web 3.0 概念和技术不断与金融业务融合，形成 DeFi，掀起金融领域的新变革。金融交易变得更加安全和透明，用户的金融账户信息存储在分布式网络中，金融平台之间基于互信的协议能够减少隔阂。在这样的大环境中，金融企业将更加注重价值创新和提升服务质量，用户资质和地理条件等因素对金融业务范围的限制将会减少，数字资产将更加自由、顺畅地流通。

Web 3.0 将重塑数字空间和现实经济社会的边界，推动数字产业与实体产业融合发展。伴随着 Web 3.0 的发展和区块链、人工智能等技术的应用，工业互联网、数字孪生工厂等数字产业与实体产业融合产生的新业态，将成为推动数字经济发

展的主力。同时，数字实体和数字资产等资源的运用，可以将链下实物资产与链上数字资产的价值相对应，使数字空间与现实经济社会更好地融合，进一步重构数字经济形态，实现数字资产与现实资产的联动。

4.2.2 数字内容智能生成成为趋势

5G 大带宽网络时代的到来，使传统数字内容生成效率低下这一问题更加凸显。为打破这一发展不平衡，人工智能生成内容（AIGC）应运而生。

人工智能生成内容是一种新型内容生产方式，能够识别各种语义信息，提升内容生产力。AIGC 承载了人们对 Web 3.0 时代内容生产方式的期待，对高效、高质量内容生产的期待。

让人工智能学会创作绝非一件易事，科学家们曾做过诸多尝试。起初，科学家们将这一领域称为"生成式人工智能"，主要研究方向是智能文本创建、智能图像创建、智能视频创建等多模态技术。生成式人工智能通过小模型展开，这种小模型需要利用标准数据进行训练，才能够用于解决特定场景的任务。因此，生成式人工智能的通用性比较差，难以迁移。

由于小模型需要依靠人工调整参数，因此很容易被基于强算法、大数据的大模型所取代。基于大模型的生成式人工智能不再需要人工来调整参数，或者只需要少量调整，因此可以迁移到多种任务场景中。生成对抗网络（Generative Adversarial Networks，GAN）是 AIGC 基于大模型生成内容的早期重要尝试。生成对抗网络能够利用判别器和生成器的对抗关系生成各种形态的内容，相关 AIGC 应用在市场中不断涌现。直到新一代聊天机器人模型 ChatGPT 出现，AIGC 才真正实现商业化落地。

AIGC 本质上是一种生产力的变革，其对内容生产力的提升主要体现在以下 3 个方面。

（1）AIGC 减少了内容创作中的重复性工作，提升了内容生产效率和质量。

（2）AIGC 将创作与创意分离，使创作者能够在人工智能生成的内容中获得思路和灵感。

（3）AIGC 综合了大量训练数据和模型，拓展了内容创新的边界，能帮助创作者生产出更加独特的内容。

AIGC 的发展是不可逆转的，它将成为智能生产领域中的重量级角色，推动人类进入智能创作新时代。

2022 年 11 月 30 日，人工智能研究实验室 OpenAI 推出了新一代聊天机器人模型——ChatGPT。ChatGPT 是 AI 文本处理方式的新研究和新突破，掀起了 AIGC 新热潮，促使众多大型企业加快布局智能生成内容领域。

ChatGPT 基于 GPT3 的参数规模和底层数据，强化和完善了原有的数据模型，实现了人类知识和计算机数据的突破性结合。ChatGPT 通过自然对话方式进行交互，可以自动生成文本内容，自动用复杂性语言回答用户的提问。自推出后，ChatGPT 用户迅猛增长，成为火爆的消费级应用。

腾讯、亚马逊、字节跳动等大型企业都竭力将 ChatGPT 融入自身业务，以加深 AI 对企业业务的渗透，助力企业降本增效。例如，字节跳动利用 ChatGPT 加快"AI+内容"的布局，实现了自动辅助写作、自动生成短视频等；阿里巴巴利用 AI 技术自动生成高质量的产品介绍文案，不仅提升了文案生产效率，还极大地提升了文案质量；腾讯将 AI 技术融入广告制作中，实现了广告视频和文案的自动生成，极大地降低了广告制作成本。AIGC 可以辅助 PGC（Professional Generated Content，专业生产内容）和 UGC（User Generated Content，用户生产内容），助力广告文案的策划、设计。

4.2.3 Web 3.0 驱动数字时尚的发展

2022 年 9 月 15 日，以"设计无界，相融共生"为主题的 WDCC 2022（世界设计之都大会）在上海黄浦江畔拉开帷幕。本次大会呈现了全球设计领域的精彩成

果，激起了全球设计者的脑力震荡。9月18日，"WWD时尚元宇宙高峰论坛"在WDCC 2022分会场召开，时尚与科技相融合激发了有关Web 3.0时尚产业的思想震荡。作为国际时尚产业权威内容平台的搭建者，WWD聚焦Web 3.0数字时尚生态，携手全球顶尖品牌和中国市场上不断涌现的创新黑马与行业冠军，以国际论坛的形式持续赋能数字时尚产业。论坛期间，凌迪科技的Style3D吸引了广泛的关注。

Style3D揭示了虚拟时尚的未来发展趋势，未来，很多奢侈品品牌将在虚拟时尚领域推出新产品。此前，Style3D与上海时装周携手中国顶级的9位设计师，从数字服装设计手稿到数字服装的诞生和发布，完成了整个数字时尚设计链路的打造，并取得了不错的成果。

Web 3.0是数字时尚的驱动力，能为数字时尚品牌打造更具个性化的沉浸式营销场景，帮助品牌快速走向市场。Style3D研发的柔性仿真模拟引擎使数字资产借助实时仿真工具得到更好的利用。

元宇宙将成为年轻人未来的消费集聚地。因此，时尚品牌需要抢先构建品牌与未来元宇宙消费者之间的纽带。凌迪科技认为，虚实结合的模式能够更加立体、丰富地呈现品牌特色。Style3D运用数字化虚拟技术，用服装承载年轻消费者对时尚品牌的坚持、理解和对艺术的表达。

Web 3.0是品牌和消费者之间一个更加高效、直观的沟通桥梁，也是品牌与消费者之间全新的沟通方式。品牌需要加快进入元宇宙，落子数字时尚领域。Style3D强调元宇宙与现实世界并不是相互割裂和对立的，未来，虚拟与现实将进一步融合、交叠。

作为数字时尚领域的基础设施建设者，Style3D致力于推动全时尚行业的数字化发展，将虚拟时尚概念传递给更多时尚领域的人士，以打破虚拟世界与现实世界的界限，在元宇宙中呈现时尚与科技相结合的艺术美学。

凌迪科技期望在不断提升自身技术实力的同时，基于服装产业实力和时尚设计师的创造力，将Style3D打造成强大的数字服装设计工业软件，让更多时尚品牌在虚拟世界中引领数字时尚。

4.3 Web 3.0 引领下的未来

Web 3.0 的未来值得我们期待：数字钱包将成为重要的支付方式，NFT 将覆盖更多的应用领域，现实世界与虚拟世界将实现深度融合。

4.3.1 数字钱包成为重要的支付方式

随着隐私计算、加密技术和区块链等新型数字技术与数字商业相互融合，数字钱包逐渐打通了各数字生态孤岛，有助于实现国内数字资产稳定、互通、安全、合规。这一新型支付方式将成为 Web 3.0 生态的基础设施。

2022 年 11 月，汇付天下发布了 Web 3.0 数字钱包——"汇付链宝"，搭建以"去中心化交易、轻技术接入、智能合约支付和人民币链上支付结算"为核心的数字钱包支付服务体系。汇付天下携手元宇宙企业、区块链技术服务商等数字化主体，共建、共享数字经济新生态。

汇付天下基于多年在电子钱包定制与支付技术领域的经验沉淀，整合大数据、智能合约、区块链、云服务和隐私计算等数字技术，所推出的汇付链宝包含三大核心模块，分别是链上合规风控平台、支付网关协议和数字资产钱包。数字资产钱包支持人民币在多链数字生态中的支付结算，能够对数字藏品、数字权益等资产的发送、接收、单签托管和多签架构等模式进行私钥管理；支付网关协议高效串联链上、链下服务；链上合规风控平台能实时监管链上交易。

汇付链宝为数字钱包创造了可靠的交易环境，在资金安全保障、风险防控和支付合规等方面保持着较强的行业竞争力。汇付链宝遵循数字资产风控管理和支付账户的全套合规要求，对所有用户进行数字身份验证，在保障用户交易隐私的同时，防范和打击恐怖融资、逃税和洗钱等犯罪行为。数字钱包所支持的交易过程中的实际资金流，均通过开设在 ACS（Accounting Data Centralized System，中央银行会计核算数据集中系统）中的备付金集中存管账户划拨，以保障数字交易的安全。

汇付链宝适用于中心化应用和去中心化应用，能够为企业提供便捷、高效、安全的数字资产接入模式，赋能企业加快精准布局 Web 3.0 数字经济。

此外，汇付链宝汇集了全国各大联盟链，用户在钱包内可以进行多链数字生态的自由切换。汇付链宝还与以 Onchain 灵境链网为代表的国内多家联盟链深度合作，为联盟链上的数十家商户提供数字钱包支付结算服务。

4.3.2　NFT 覆盖更多应用领域

NFT 是虚拟币时代炙手可热的产物。包括 LV、NBA、耐克和 F1 方程式赛车在内的诸多超级 IP，都在 NFT 领域投入巨资，NFT 项目给它们带来了丰厚的利润。

NFT 是数字资产的一种呈现形式，具有不可替代的独特属性。它所代表的资产既可以是游戏、数字艺术品和虚拟收藏品等，也可以是身份证件、房地产、音乐会门票等。NFT 为数字世界和现实世界中的资产处理提供了便利，其应用主要集中在以下 4 个领域，如图 4-2 所示。

1 收藏品	2 游戏
3 艺术	4 现实资产和资料

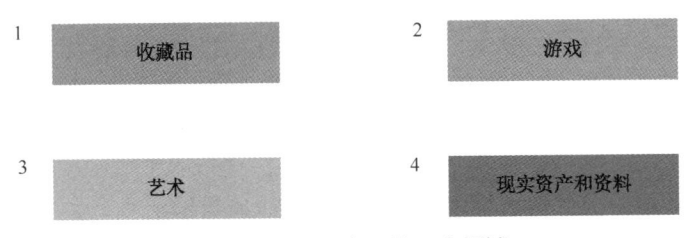

图 4-2　NFT 应用的 4 个领域

1. 收藏品

就整体销量而言，收藏品是较为流行的 NFT 应用，用以创建名人、明星和运动员的 Token 化版本以供粉丝收藏。例如，足球游戏 Sorare 为游戏用户提供了足球俱乐部运动员的数字收藏品；NBA 和区块链技术公司 Dapper Labs 合作推出了 NFT 商店"NBA Top Shot"，为 NBA 粉丝提供赛事和运动员收藏品。通过挖掘粉丝的需求，NFT 收藏品彰显了将区块链引入 NBA 社区的潜力。同时，NBA 也上链了更多的 NFT 收藏品，如交易卡、硬币和邮票等。

未来，数字收藏品这一领域将继续发展和壮大。

2. 游戏

游戏是 NFT 的主要应用场景之一。游戏玩家对虚拟空间和虚拟货币已经有所体验，因此接受程度较高，这保证了 NFT 在游戏行业中能够更好地发展。游戏玩家接受对游戏装备进行数字代币化，而 NFT 加密货币让点对点的交易更加容易。

引入 NFT 之后，游戏玩家对自己在游戏中拥有的数字资产享有所有权，所获得的体验也更加真实、有意义，还可以通过开发自己的游戏数字资产来获得利润。NFT 有望创造一种新的游戏经济。

3. 艺术

传统艺术行业的内容交易模式单一，艺术家面临着知识产权被侵权的风险，内容创作极易被盗用。NFT 为艺术内容创作提供了有针对性的解决方案。例如，NFT 为艺术作品提供所有权证明，并在区块链上详细记录作品创作者的信息，避免作品被假冒和盗用。

艺术行业还可以依托 NFT 数字货币交易的便捷性，为艺术价值的创造开辟一条崭新的路径。

4. 现实资产和资料

NFT 不仅能够标记互联网数字资产，还能够标记现实资产和资料，如文件、财产、资质、股票、执照、病史和身份信息等。虽然目前 NFT 标记现实资产和资料的开发尚未成熟，相关案例还相对较少，但是随着 NFT 和加密技术的不断发展，

NFT 标记现实资产和资料的开发与应用将越来越深入。

可以预见，基于 NFT 概念的基础设施将呈现出更高的组合性，会进入更广泛的领域，NFT 应用将更加流行。

4.3.3 现实世界与虚拟世界实现深度融合

Web 3.0 不是一个简单的物理学概念，它所包含的各种技术创造了多形态的世界，涵盖了现实世界、虚拟世界、智能世界和数字世界。Web 3.0 是一个缤纷、多维的立体世界，因此，简单地用现实世界或者虚拟世界来诠释 Web 3.0 是不确切的。

在日常生活中，人们已经体验过 Web 3.0 带来的虚拟产品和虚拟服务，比较有代表性的有数字会议、虚拟偶像、品牌集合虚拟空间、元宇宙游戏等。越来越多的年轻人开始关注数字人、数字收藏品、元宇宙等概念，触感手套、智能眼镜等 XR 穿戴设备逐渐成为市场的焦点。

可以说，Web 3.0 是用户借助互联网和各种电子产品的显示屏，从现实世界走向虚拟世界的"大门"。"大门"里面的世界是立体、丰满的，令人赏心悦目、惊喜不断。

Web 3.0 的世界突破了空间和时间的限制，与现实世界共生。虚拟世界与我们所处的现实世界虽然是相互独立的，但在本质上又是相通的，两个世界分别满足个体的不同需求。虚实两个世界的共生交互给人们的生活带来极大的便利，极大地提升了人们的生产效率和生活质量，也极大地丰富了人们的情感体验。

中篇

Web 3.0 基础框架剖析

第 5 章

区块链：Web 3.0 生态稳定运转的底层技术

区块链是 Web 3.0 生态稳定运转的底层技术，为 Web 3.0 的发展提供了无限可能性。本章将从区块链的概念、区块链的三大驱动力和区块链支持的 Web 3.0 应用 3 个方面阐述区块链如何赋能 Web 3.0。

CHAPTER 5

5.1 解析区块链

区块链是一种变革性技术,受到了人们的关注。下面将从区块链的定义、运行逻辑及特点3个方面解析区块链,展现区块链的潜在价值。

5.1.1 区块链的定义和运行逻辑

区块链,顾名思义,由"区块+链条"构成,每个区块中都存储着一定的信息,并按照时间顺序排成链条。区块链之所以具有安全性,是因为链上信息难以被篡改。区块链上分布着许多节点,要想修改任意一条信息,就需要获得半数以上节点的同意。而拥有这些节点的主体各不相同,因此要篡改区块链上信息的目的很难达成。与传统的中心化网络相比,区块链具有数据难以篡改和去中心化的特点,其所采用的以下 4 种技术使得链上信息更加可靠,因此深得用户信任,如图 5-1 所示。

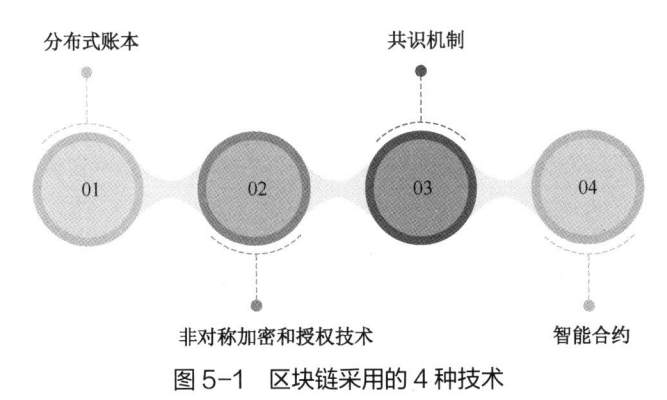

分布式账本　　　　共识机制

01　　02　　03　　04

非对称加密和授权技术　　智能合约

图 5-1　区块链采用的 4 种技术

（1）分布式账本。分布式账本是区块链的核心技术之一，实际上是一个数据库。每个用户是一个节点，可以获得一个账本，每次交易记账都由各个节点共同完成，且每个节点记录的是完整账目。区块链的分布式账本不像传统分布式存储那样依据一定的规则存储数据，而是依靠链式结构存储数据，能够保证数据的完整性；也不像传统分布式存储那样依靠中心节点在各个节点备份数据，而是使各个节点独立，依靠共识机制保证存储的数据一致性。

（2）非对称加密和授权技术。区块链能够同时做到交易信息的公开透明与用户个人隐私的高度保密。用户的个人隐私只能通过其授权才能访问，保障了用户信息与数据的安全。

（3）共识机制。共识机制指的是区块链上的各个节点通过投票，以达成共识，完成对数据的验证和改动。各个节点达成共识有利于促进区块链上节点间的相互信任。区块链有4种共识机制，分别是PoW（Proof of Work，工作量证明）、PoS（Proof of Stake，权益证明）、DPoS（Delegated Proof of Stake，委托权益证明）和Pool（验证池），它们分别应用于不同的场景。

区块链的共识机制具有两个特点：少数服从多数和人人平等。前者既可以指节点的个数，也可以指计算能力、股权数等；后者指的是各个满足条件的节点都能提出共识结果，但须经过其他节点同意后，才能成为最终的共识结果。例如，采取工作量证明的比特币只有控制超过51%的记账节点，才有概率伪造一条记录。在节点数足够多的情况下，要控制51%以上的记账节点几乎无法做到，从而避免了记录造假。

（4）智能合约。智能合约建立在不可篡改的数据之上，一旦合约中的条件得到满足，便会自动执行提前约定好的条款。例如，在保险行业中，在用户所提供的信息真实的情况下，一些标准化产品可以自动进行理赔。

区块链之所以能够推动Web 3.0发展，离不开以上4种核心技术。它们之间相互协作、共同作用，促进区块链持续发展。

5.1.2 区块链的四大特点

区块链的四大特点分别是去中心化、去信任化、可扩展性和匿名性。

（1）去中心化。区块链实行分布式数据存储，依靠各个节点保障系统的安全与信息的真实，并保证信息传递的真实性，不会因为某个节点受到攻击而影响整个网络的运行。区块链根据架构的不同，去中心化的程度也不同，按照不同的应用场景可以划分为完全去中心化、多中心化和弱中心化。例如，公有链是一个面向所有用户的去中心化分布式账本，以太坊链、比特币区块链是典型的公有链。

（2）去信任化。在区块链中，彼此不信任的节点间也可以建立连接，也可以进行数据交换。分布式账本实现了数据的分布式存储和交易的分布式记录，交易信息公开透明，任何用户都可以查看区块链上的数据信息，从而确保了链上信息的准确性。

（3）可扩展性。区块链作为一种底层开源技术，可以用于拓展各类应用，以满足用户不断增长和变化的需求。

（4）匿名性。区块链利用密码学对用户的个人隐私进行保护。在交易过程中，用户的身份信息得到保护，其他用户无权查看交易用户的身份与交易细节。

区块链不仅是一种创新技术，还是一股能够变革社会的力量，给社会和人们的生活带来许多变化。未来，区块链应用将拓展到更多领域，创造更多价值。

CHAPTER 5

5.2 区块链驱动 Web 3.0 发展

区块链的分布式存储、智能合约和通证技术为 Web 3.0 的发展保驾护航。

5.2.1 分布式存储是 Web 3.0 的基础设施

在 Web 3.0 时代,数据不再存储于中心化的服务器中,而是进行分布式存储。作为 Web 3.0 基础设施的分布式存储具有以下优点,如图 5-2 所示。

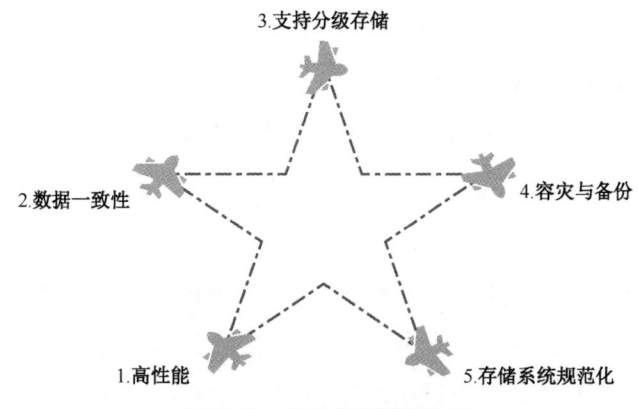

图 5-2 分布式存储的优点

1. 高性能

分布式存储为不同的数据提供不同的存储方式,降低了存储成本,提高了缓存读写效率。高速存储与缓存技术配合,在高速存储中写入数据,并在合适的时间同步落盘,提升了存储性能。

2. 数据一致性

传统存储架构多采用 RAID（Redundant Arrays of Independent Disks，磁盘阵列）模式实现数据的安全性和提高磁盘的性能。而分布式存储采用多副本备份机制，以确保数据的一致性。分布式存储在存储数据前对数据进行分片，将数据分别保存在多个节点上。在需要时，分布式存储对一个副本进行写入，让其他副本进行读取。如果一个副本的数据读取失败，系统还能从其他副本中读取数据，从而实现对业务影响最小化。

3. 支持分级存储

分布式存储允许低速存储与高速存储分别进行。在无法预估所有可能出现的情况的业务环境下，分级存储的优势十分明显。

首先，分级存储可以在低成本的存储器中存储不经常访问的数据，综合发挥磁盘的成本优势和磁盘驱动器的性能优势。

其次，分级存储能够将使用率较低的数据归档在离线存储池或迁移至辅助存储器中，用户无须反复保存数据，在减少数据存储时间的同时提高了数据的可用性，拓展了磁盘的内部可用空间。

最后，在分级存储中，当数据被迁移至其他存储器中时，无须对应用程序进行改动。这样一来，数据迁移更加透明。

4. 容灾与备份

分布式存储的多点快照技术能够保存各个版本的数据，还能提取多个时间点的样本并进行恢复，适用于具有多个逻辑错误的故障定位。用户可以通过恢复多个样本，并对这些样本进行分析和比对来确定需要恢复的确切时间点，降低了排除故障的难度，缩短了故障定位的时间。此外，分布式存储能够重现故障，分析故障发生的原因，以防止类似故障再次发生。

5. 存储系统规范化

分布式存储系统优先采用行业标准接口进行存储，推动了存储行业的规范化。在服务平台层面，根据异构资源的抽象存储，用户可以将传统的存储设备级操作转换为面向存储资源的操作。

综上所述，分布式存储提高了系统的效率和可靠性。

5.2.2　智能合约成为 Web 3.0 的交易机制

智能合约也被称为数字合约，能够在没有第三方介入的情况下对协议进行自动验证和执行。智能合约以信息化的方式进行传播，由计算机进行验证与执行，具有自主性。智能合约运行在区块链上，具有去中心化和防篡改的特性。

智能合约的运行流程分为 4 步：第一步是拟定合约，参与签约的用户需要共同制定合约条款，包括合约执行条件、执行日期等。第二步是合约触发，达到合约执行条件，合约就会自动执行。第三步是价值转移，智能合约会根据合同内容进行价值转移。第四步是进行结算，如果是链上资产，则自动结算；如果是链下资产，则在链下进行清算并写入账本。这 4 步在本质上与自动贩卖机的运行原理是一致的，即用户付款—触发执行条件—自动掉落用户购买的商品。

智能合约作为 Web 3.0 时代重要的交易机制，保障着用户交易的安全，它主要具有以下优点，如图 5-3 所示。

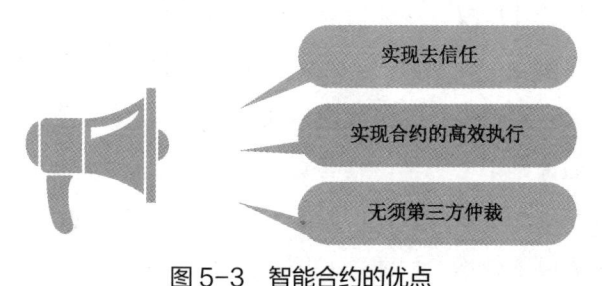

图 5-3　智能合约的优点

1. 实现去信任

智能合约运行在区块链上，能够将合约内容记录上链，保证合约内容的公开透明和不可篡改。智能合约奉行"代码即法律"的原则，信任代码的用户可以在不信任其他交易参与方的情况下安全地进行交易。

2．实现合约的高效执行

用户在执行传统合约的过程中，经常会因为出现分歧而产生纠纷。智能合约依据计算机语言执行，参与方达成共识的成本较低，而且几乎不会产生纠纷。一旦满足事先约定的条件，智能合约便会立刻执行，高效履约。

3．无须第三方仲裁

在传统合约下，如果用户拒不履约，就需要第三方仲裁机构介入，导致履约效率相对较低。而智能合约能根据触发条件自动执行，无须第三方仲裁机构介入。

智能合约的应用范围十分广泛。在金融行业，智能合约可以应用于金融产品中，进行自动化资产管理，或者执行交易所的期权交易；在 DeFi 货币市场中，可以进行资产借贷；在区块链游戏领域，可以促成用户之间的交易。

虽然智能合约还存在缺乏法律监管、流程不可逆等缺点，但随着区块链技术的进步，智能合约将不断完善，更好地保障用户交易安全和利益。

5.2.3 通证为 Web 3.0 运转提供权益证明

通证是一种加密的数字权益证明，具有一定的流通性。通证可以是数字货币，也可以代表所有权、使用权、投票权等。

通证具有 3 个要素：一是权益，通证必须是以数字形式存在的权益证明，体现了某种共识，具有可信度；二是流通，通证具有流通性，能够随时随地进行验证；三是加密，通证基于密码学，具有真实性和防篡改性，能够保护用户隐私。这 3 个要素中最基础的要素是权益，通证能够为 Web 3.0 的运转提供权益证明。通证一般被划分为以下两类，如图 5-4 所示。

1．支付型通证

支付型通证是一种支付方式，以货币或其他有价物作为交换，从而获得某些产品或服务。支付型通证具有用户接受程度较高、去中心化程度较高的特点。其发行和交易环节不受有关部门的监管，但在反洗钱、反涉恐融资方面，有关部门会做出规定。

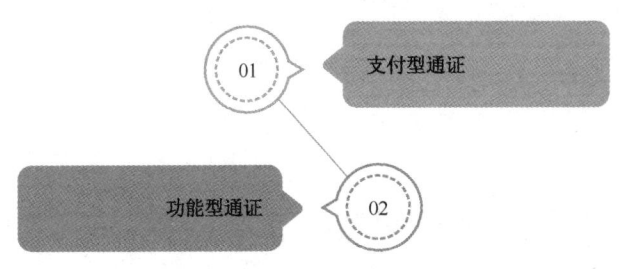

图 5-4　通证的两种类型

2．功能型通证

功能型通证代表某个系统内部特定功能的权益，往往由产品或服务提供商发行，应用范围不大，一般在特定的项目内部使用。例如，区块链上的某个项目发行了一种通证，发行方表示该通证仅能在该项目中使用，这便是功能型通证。功能型通证主要有 3 类，如图 5-5 所示。

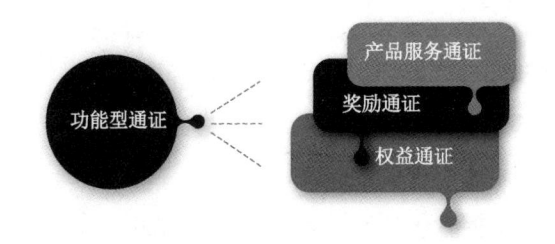

图 5-5　功能型通证的 3 种类型

（1）产品服务通证。产品服务通证一般指代某个产品或服务的使用权，类似于商品的预售。用户可以在项目完成后使用该通证兑换其所代表的产品或服务。

（2）奖励通证。奖励通证的作用是实现用户与平台或项目之间的深度绑定，有助于增加用户活跃度或黏性。奖励通证可以帮助用户获得更多权益，如更多的投票权、参与权、收益权。奖励通证的价值大小与用户的数量及活跃度息息相关。

（3）权益通证。权益通证具有唯一性，一般用于权益证明或版权确权，能够大大提高权益认证效率，减少纠纷。权益通证的价值与其应用的规模呈正相关。

通证的使用边界需要 Web 3.0 从业人员认真探索，使得用户能够在合法合规的情况下广泛地加以使用。

CHAPTER 5

5.3 区块链支持的 Web 3.0 应用

在区块链技术的支持下，Web 3.0 应用蓬勃发展，分别出现了社交平台、游戏平台和交易平台等形式。

5.3.1 Web 3.0 社交平台：支持用户构建社交资产

有了区块链的支持，在 Web 3.0 的新社交世界中，用户得以掌握数据所有权，进行自治，并构建自身的社交资产。

在中心化社交平台上，内容创作者不仅与平台绑定，还受制于平台，无法掌握收益分配权，也无法拥有作品的控制权。而在 Web 3.0 时代，这一切都将改变。Only1 是 Solana 生态中的首个 Web 3.0 社交平台，兼具社交与内容创作功能，能够在链上赋能创作者经济发展。

1. 提供创新型工具

Web 3.0 社交平台助力内容创作者进行多种形式的创作，并提供创新型工具。Only1 运用 NFT 交易平台与质押池功能，打造了内容创作者与粉丝互惠互利、相互成就的商业模式。粉丝可以与内容创作者共享创作成果，而不只是单方面给予创作者支持。

2. 赋予多元化变现方式

中心化平台的变现方式比较单一，且平台抽成过多，不利于内容创作者维护自身权益。而在 Web 3.0 社交平台上，内容创作者的变现方式十分多元。例如，内容创作者可以通过 Only1 的自建质押池与粉丝共同获得 DeFi 收益；内容创作者还可以通过使用 Only1 提供的付费 DM（Direct Message，私信）、Superfan NFT、会员订阅和独家付费内容等功能，获得更多的收益。其中，付费 DM 功能指的是 Only1 的用户可以付费向内容创作者提问，内容创作者通过回答问题赚取 Only1 原生代币。用户可以竞拍内容创作者的 Superfan NFT，并在成为 Superfan 后获得一系列福利，包括在创作者的主页上获得曝光机会、获得独家访问创作者的权限等。

3．以低门槛拉近与粉丝的距离

Only1 将 NFT 启动平台、NFT 交易平台与用户档案三者相结合，一站式解决了发布、分享与二次交易所需的技术服务，有效拉近了创作者与粉丝之间的距离，使创作者和粉丝共同分享创作者经济的红利。

4．开启 Web 3.0 社交媒体时代的社区治理

虽然 Web 3.0 社交平台在整体上尚处于早期发展阶段，但是 Only1 已经详细规划了其未来的发展方向，分为里斯本、维多利亚和巴哈马斯 3 个阶段。

Only1 将里斯本阶段作为发展 Web 3.0 创作者经济的开端，欢迎创作者、品牌和用户入驻，帮助各个主体以去中心化的方式进行变现与社交。

维多利亚阶段作为 Only1 发展的第二个阶段，将更加关注平台基础设施的构建，包括去中心化内容管理、社交预言机网络等。在此阶段，Only1 更加关注社区治理，例如，要求创作者在发布 NFT 时必须经过 DAO 的审核与筛选。

目前，Only1 的巴哈马斯阶段尚未达成。其目标是通过不断努力，进一步为创作者和粉丝构建一站式 Web 3.0 社交体验平台。

5.3.2　Web 3.0 游戏平台：融入经济模型

2023 年 2 月，数字福利发行平台星盒推出了一款名为"乐力无限"的小游戏。这款游戏采用"Play to Earn"（边玩边赚）的模式，不仅为玩家带来了全新玩法，还以玩家带来的流量为基础，打造了全新的 Web 3.0 游戏经济模型。"乐力无限"

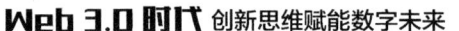

主要有以下 3 个创新之处，如图 5-6 所示。

图 5-6 "乐力无限"的 3 个创新之处

1. 全新的数字福利发行方式

星盒平台全面改革数字福利发行方式，福利不再通过平台售卖或"空投"的方式给予玩家，玩家只有在游戏中贡献游戏时间与流量价值，才能获得星盒藏品等福利。

2. 全面革新收益方式

在"乐力无限"小游戏中，星盒藏品的持有量是玩家获得收益的一个重要的衡量指标。玩家的星盒藏品的持有量能够体现其贡献的流量价值，玩家可以据此换取回报。星盒平台曾经发行的"百变歌姬""数字歌姬"等数字福利都能够作为玩家对平台所做的流量贡献的凭证。

3. 全新的经济模型

星盒平台与互联网头部企业合作，将玩家付出的游戏时间与流量价值商业化。此外，玩家可以通过分享活动、拉新等方式获得收益。在这一经济体系下，资深玩家凭借其创世凭证持续享受流量回报，而新玩家可以通过游戏通关获得凭证，享受流量回报，形成了完整的"流量贡献—流量回报—流量贡献"的 Web 3.0 经济体系闭环。

星盒团队借助"乐力无限"小游戏实践边玩边赚模式，打造不断回馈用户的游戏平台。

5.3.3　Web 3.0 交易平台：实现数字资产交易

运行在区块链上的智能合约为 Web 3.0 时代的交易提供保护，让用户能够自由地进行数字资产交易。有了这样的运营大环境，Web 3.0 交易平台纷纷涌现。未来，数字资产交易将会越来越频繁。

OpenSea 是一家著名的去中心化交易所，提供 NFT 交易服务，支持用户出售多种数字商品，包括数字音视频、加密收藏品和游戏物品等。在 OpenSea 平台上，用户可以自由进行数字资产交易。OpenSea 的商业模式主要有以下 4 个特点，如图 5-7 所示。

01	02	03	04
依赖佣金	门槛较低	以智能合约作为担保	交易产品丰富

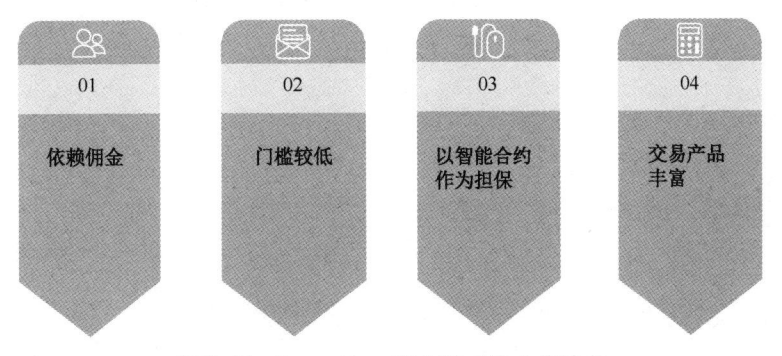

图 5-7　OpenSea 商业模式的 4 个特点

1．依赖佣金

OpenSea 从每笔交易中抽成 2.5% 作为手续费。OpenSea 的收费模式相对明确，仅收取交易时的手续费，不收取其他费用。与苏富比、佳士得等传统拍卖平台相比，OpenSea 的佣金更低。

2．门槛较低

OpenSea 对于 NFT 发行没有限制，门槛很低。每个用户都可以发行自己的 NFT，或者创建自己的收藏。OpenSea 运营生态友好，支持使用各种钱包。同时，OpenSea 通过链上合同保障交易的安全，用户可以随时在区块链上查看自己的

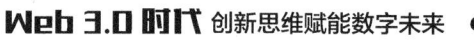

NFT。

3．以智能合约作为担保

与传统交易平台不同，用户在 OpenSea 平台上交易时，智能合约能够为其提供交易担保。

4．交易产品丰富

OpenSea 对 NFT 项目的类别不做限制，各种各样的数字藏品都可以在该平台上交易，包括虚拟土地、绘画、游戏皮肤等。

第6章

NFT：Web 3.0 生态重要的资产媒介

NFT 作为 Web 3.0 生态中重要的资产媒介和基础设施，已成为 Web 3.0 发展的重要推手，凭借其独特优势在各领域中创造了不菲的价值。如今，搭建 NFT 平台已经成为众多企业参与 Web 3.0 生态构建的重要途径。

CHAPTER 6

6.1 解析 NFT

数字藏品销售火爆、数字化身在虚拟世界中大展拳脚……NFT 对社会生产和人们的生活产生了颠覆性影响。本节将深入挖掘 NFT 的现实价值，洞察 NFT 的优势及其发展方向。

6.1.1 NFT：锚定数字资产的价值

NFT 代表现实世界中的对象，包括音乐、游戏、艺术等领域的产品。NFT 通过虚拟货币完成数字资产交易，并使用与加密软件类似的基础设施进行编码，因而具备虚拟货币价值，是一种数字资产。这是 NFT 成为数字资产的数字权证，展现资产本身价值的前提。同时，NFT 赋予数字资产所有权可追溯性和流动性。其中，可追溯性解决了艺术品收藏等资产识别问题，而流动性则体现了数字资产的交易价值和增值预期。

近年来，NFT 与收藏品、艺术品的结合颇为亮眼，引发了人们对 NFT 锚定数字资产价值的广泛关注。NFT 与现实世界中的产品相互绑定，并借助加密算法，形成具备独特性且不可替代或分割的数字资产。

NFT 具有较高的价值，因为它具有稀缺性。按照目前的发展形势来看，NFT 不仅将持续存在，而且很有可能改变资本的运作方式。

此前，区块链头部企业欧易发布了 NFT 一站式交易平台——欧易 NFT 市场。其 NFT 市场分为一级市场和二级市场，为创意者、全球艺术家、NFT 收藏家、创意爱好者和加密资产爱好者提供一个开放的平台，并保证做到流动性更高、费用更低廉、交易更便捷和藏品更有价值。

NFT 通过某种数字作品形式呈现，如 NBA 比赛中的精彩瞬间、Instagram 中流传的数字艺术的证券化版本等。这些数字作品支持任何用户在网上浏览和访问，也支持用户下载和购买。很多用户花费数百万美元购买这些 NFT 数字作品的原始版本。NFT 还包含可以证明所有权的内置身份验证，这一确权特性得到了众多数字作品收藏家的追捧。

NFT 利用粉丝效应锚定数字资产的价值，目前交易量较高的 NBA NFT 数字藏品项目主要依靠 NBA 粉丝效应而得以维持，很少有企业或机构单独购买 NBA 的 NFT。此外，一些明星或"网红"也很喜欢购买一些新型 NFT 用于收藏，这些 NFT 往往是独一无二的，常常被收藏者用作其社交媒体的头像。

NFT 独一无二的特性决定了每一个 NFT 都拥有不一样的价值。这意味着它可以和同样稀缺的物品互相绑定，如房产、达芬奇的画作、游戏中的极品装备等。由于每一个 NFT 都是唯一的，因此用户持有 NFT 就相当于获得了其背后锚定物的价值。

6.1.2　四大特性：唯一性+公开性+不可篡改+可交易

NFT 主要具有四大特性，如图 6-1 所示。

1. 唯一性

唯一性是 NFT 的主要特性。确权、加密、独一无二、永久保存是 NFT 唯一性的重要体现。传统艺术作品的数字文件可以被随意复制，而 NFT 则以区块链确权的方式让这些艺术作品获得具有独特标识的"数字身份证"。其创作者可以自行决定某一作品的 NFT 的发行数量并进行编号，其后续流通、交易的每一个环节都在区块链上有着完整记录。因而，每个 NFT 都是独特且唯一的。

2. 公开性

NFT 系统是开放的，除了对系统中交易方的身份信息进行加密，其他数据都是对所有人公开的。在 NFT 系统中，用户信息虽然是加密的，但用户之间的交易是透明的。由于节点之间相互信任，因此各个节点都是匿名的且不需要公开身份。任何用户都能够通过公开的接口查询 NFT 系统数据，并开发相关应用。NFT 系统中信息高度透明是其应用场景越来越丰富的根本保障。

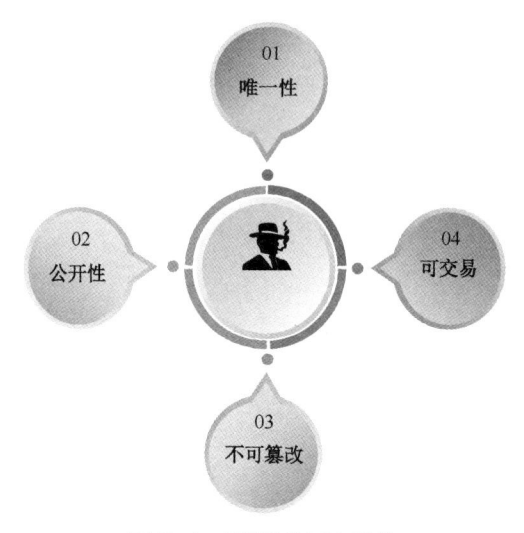

图 6-1　NFT 的四大特性

3．不可篡改

不可篡改是 NFT 最基本的特性。不可篡改基于"块+链"的唯一账本，产生交易的"块"按时间顺序不断被添加至"链"的末端。如果想要修改其中一个"块"，那么该"块"及其之后所有的"块"都要重新生成。基于各节点达成的共识机制，想要同时修改大量的"块"是不可能实现的。

NFT 系统中的每一个最小单位都以整体的形式存在，因此无法像以比特币为代表的加密货币那样以计量单位的形式进行流通。

4．可交易

NFT 是能够交易和流通的，NFT 交易市场受到越来越多的关注。例如，前面提到的欧易 NFT 市场，是欧易推出的针对 NFT 领域的去中心化一站式交易平台。该平台的 NFT 数字资产交易依托 OEC（Our Earth Coin）代币和 ETH（Ether）代币，具有易用性佳、使用门槛低等特点，非常适合新手参与交易。

CHAPTER 6

6.2 NFT 在 Web 3.0 中的应用

随着 Web 3.0 基础设施不断完善，NFT 在 Web 3.0 生态中的应用会越来越广泛。NFT 可以用于用户身份的识别和验证，也可以作为数字藏品丰富数字内容的价值，还可以作为游戏资产为游戏提供更加丰富的价值创造和表现形式。

6.2.1 身份 NFT：个人身份的数字标识

身份 NFT 相当于一种独一无二的身份令牌，也可以理解为个人身份的数字标识，其中包含个人信息、在线身份和社交平台配置数据等信息。身份 NFT 是保障区块链可访问性、隐私性和安全性的基础要素。在区块链上，用户凭身份 NFT 来存储和管理自己的身份数据。

作为识别和验证用户身份的一个实用工具，身份 NFT 体现着每个人特有的身份信息和属性。用户可以把个人档案、地址、教育信息和病历等信息数字化，从而轻松管理这些数据。

身份 NFT 的在链管理为 Web 3.0 提供了一个安全、私密、稳定的平台生态系统，也让 Web 3.0 平台的运营更加高效，服务质量更高。用户一般会将数字身份数据存储在第三方应用系统中，如计算机或系统中的钱包。以下是身份 NFT 常见的应用领域，如图 6-2 所示。

1. 去中心化自治组织

在去中心化自治组织中，身份 NFT 可以用来识别和认证组织成员的身份，简化组织的决策过程。身份 NFT 可以给去中心化自治组织带来很多好处，例如，提高组织的隐私安全性，提高身份核实过程的效率，帮助组织形成更加安全、可靠的交易环境。

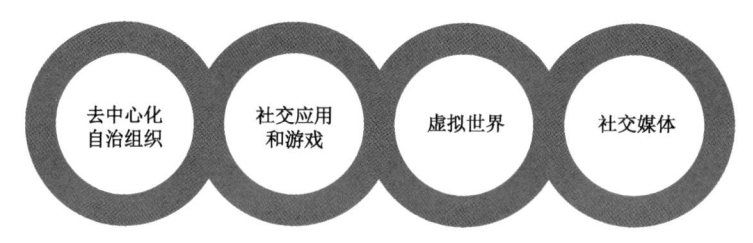

图 6-2　身份 NFT 常见的应用领域

2. 社交应用和游戏

身份 NFT 可用于各种社交应用和游戏，使用户获得更加个性化的体验。例如，在社交应用 iCloser 上，用户可以使用身份 NFT 创建多个个性化分身，在不同的社交环境、星球或星链藏馆中使用。

3. 虚拟世界

用户可以使用身份 NFT 创建虚拟世界，并在其中和其他用户交互或参与各种活动。同时，用户可以使用其身份 NFT 所代表的虚拟的自我在虚拟世界中畅游，享受全新体验并获得回报。

以元宇宙为例，元宇宙中的社交需要更加开放、包容的环境和更强的沉浸感，让来自全球各地的用户聚集其中进行实时互动和交流。元宇宙的强社交属性需要精准的身份识别技术和能够准确、快速识别用户身份信息的标准化的身份识别标志，而身份 NFT 不可复制的特性恰恰满足了元宇宙搭建与运营的需求。

4. 社交媒体

Web 3.0 时代的社交媒体致力于为用户打造开放、包容的社交环境。身份 NFT 被用于提升用户在社交媒体上的体验，支持用户以更加个性化的方式在社交媒体上展现自己。身份 NFT 能让用户解锁社交媒体的独家内容，如独家群组、特殊活动和高级配置文件等。

综上所述，身份 NFT 是用户展现个性和发挥创造力的工具，为社交应用提供了更好的用户交互方式。它将在塑造虚拟环境和提升社交体验方面继续发挥重要的作用。

6.2.2 数字藏品NFT,让数字内容具有收藏价值

随着数字经济的火热发展,数字藏品的热度持续上涨,收藏价值更加凸显。数字藏品NFT得到了越来越多的关注,逐渐成为NFT在Web 3.0中的主要应用形式。

腾讯推出了NFT交易软件幻核,自上线后,已发售了"限量版十三邀黑胶唱片NFT"(如图6-3所示)和"数字民族图鉴NFT"等多款数字藏品NFT。

图6-3 限量版十三邀黑胶唱片NFT

用户在幻核上实名注册后,就可以认购数字藏品。所有作品一经认购就会马上与用户绑定。不是所有的幻核用户都拥有数字藏品的发行权,普通用户不能发行自己的数字藏品,只有经过平台授权的IP方才能在平台上发行数字藏品。

幻核对数字藏品发行的限制杜绝了普通用户炒作数字藏品的可能,避免出现超高溢价的数字藏品,但同时也导致数字藏品的流通性较低、估值偏低。尽管这

是我国企业对NFT的一次有益尝试，但从业务本质来看，幻核更像一个数字藏品NFT开发与销售平台。即便如此，因为NFT数字藏品具有不可复制性，所以广大用户仍能够获得在线上收藏艺术品的仪式感。

与国外的NFT数字藏品平台相比，幻核需要突破的问题是如何引入更多的IP方，创造出更多让投资者和收藏家愿意买单的数字藏品。国外此类平台的金融属性更强，而国内目前已存在的NFT交易平台更像实体商品的交易市场，目标不是提高数字藏品NFT的价格、增强其流动性，而是提升数字藏品NFT的知名度，让收藏者获得新奇的体验。

知名IP往往拥有众多粉丝，而IP与NFT的结合能够激发粉丝对NFT的热情。例如，美国经典IP《美国众神》品牌旗下的250份Technical Boy（科技小子）系列NFT藏品发售5分钟内便告罄。

为了抓住NFT的红利，国内一些机构也开始依托IP，推出具有影响力的NFT藏品。2021年6月，支付宝限量发布了具有敦煌元素的NFT付款码"皮肤"。该款产品基于敦煌美术研究所的敦煌IP而设计，呈现出浓郁的敦煌壁画风格。用户可以以10个支付宝积分加9.9元进行兑换，并将其显示在个人付款码上方。

2022年6月，支付宝又联动街机格斗游戏《拳皇15》推出了4款拳皇多场景应用"皮肤"数字藏品。该系列数字藏品分4个时段阶段性发售，各时段各款藏品分别限量发行5000份，单价为"59个支付宝积分+9.9元"。

支付宝推出这些NFT藏品，显示了阿里巴巴在NFT交易方面的探索，也展示了企业入局NFT的一种形式：联合知名IP或以自身旗下IP为切入点，推出有号召力的NFT藏品。常见的形式有与知名艺术家、知名动漫IP合作推出NFT藏品，或者以自身的游戏IP推出NFT藏品等。

不论是艺术家还是动漫IP，其核心价值都在于自带流量，能够吸引粉丝购买NFT藏品。有了市场需求，NFT藏品的销售就会很顺利，买家也可以通过持有NFT藏品来获取后期升值所产生的利润。从盈利的角度看，与IP联动推出NFT藏品是企业探索NFT领域的务实之举。

6.2.3 游戏资产NFT：让游戏创造价值

"边玩边赚"是基于NFT应用的一种新型游戏内商业模式，成为游戏业态发展的重要转折点。它深刻变革了游戏内的交易模式，玩家能够通过玩游戏赚取NFT奖励。

"边玩边赚"模式是游戏与金融结合的GameFi的一种表现形式，而GameFi则体现了元宇宙经济体系的雏形。伴随着元宇宙的发展，GameFi迎来了爆发，出现了一些更新奇的NFT游戏。其中，Axie Infinity就是当下十分火热的一款NFT游戏。

Axie Infinity是以虚拟宠物为核心的一款NFT游戏，如图6-4所示。游戏中融入了多样的玩法，玩家在购买了虚拟宠物Axie后，可以饲养并繁殖新生Axie，也可以让Axie参与战斗。Axie的战斗模式和繁殖模式是推动游戏经济系统不断运转的核心。在战斗模式中，玩家可以操作Axie投入战斗，以获取游戏代币SLP和AXS；在繁殖模式中，玩家可以通过两只Axie的配对而获得新生Axie。

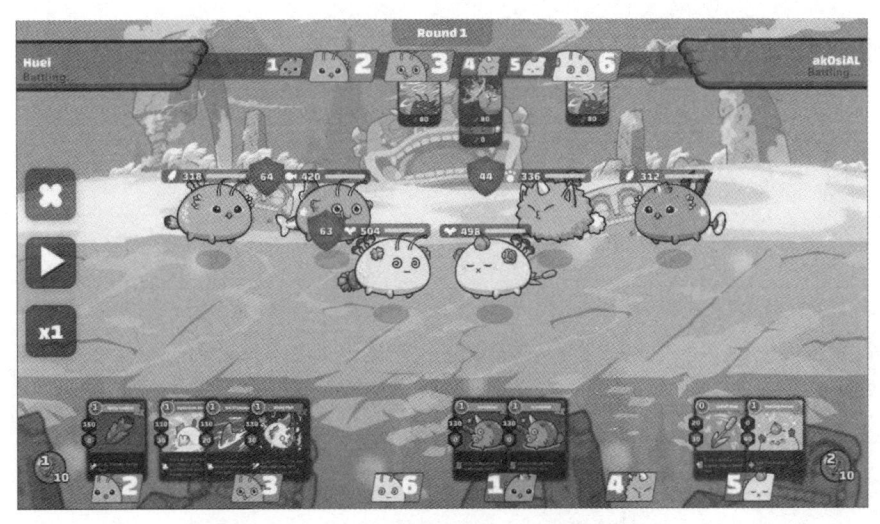

图6-4　NFT虚拟宠物游戏Axie Infinity

为了让玩家"边玩边赚",Axie Infinity 搭建了完善的经济系统。通过参加战斗、配对繁殖或参与关键治理投票等行为,玩家可以获得游戏代币,通过出售游戏代币,玩家可以获得真实的收益。在这个形成了闭环的经济系统中,有游戏代币的产出渠道,也有交易代币赚取收益的渠道,大大激发了玩家参与游戏的热情。

基于"边玩边赚"模式,NFT 游戏在为玩家提供多样玩法的同时,也让玩家通过游戏创收。游戏内部完善的虚拟经济体系支持玩家创造或交易 NFT,以积累虚拟资产,而这些虚拟资产可以兑换为现实世界中的真实资产。虚拟经济体系和现实经济体系的连通,形成了元宇宙经济的雏形。

6.3 NFT 成为 Web 3.0 发展的重要推手

如今,众多企业为了入局 Web 3.0,纷纷着手搭建自己的 NFT 平台。NFT 成为 Web 3.0 社区搭建的主要推动力,NFT 房地产逐渐成为推动数字经济发展的重要因素。

6.3.1 企业通过搭建 NFT 平台入局 Web 3.0

NFT 在 Web 3.0 生态中具有重要价值。作为社会经济体系中最活跃的细胞,企业要认识到 NFT 的潜在价值和发展机遇,通过搭建 NFT 平台入局 Web 3.0,进一步吸引和留存用户,夯实自身未来发展的基础。随着 Web 3.0 应用不断落地,未来一定会有更多的企业加入 NFT 自有平台搭建的浪潮中,进而涌现出大量功能丰富的 NFT 平台,完善 Web 3.0 的整体生态。

企业在搭建 NFT 平台时,要有完备的体系,使平台的运营、销售等环节形成闭环,在低成本和短开发周期的基础上实现利益最大化。

首先,企业可以结合自身产品来搭建 NFT 平台。就目前的形势来看,结合企业自身产品来搭建 NFT 平台的方式最为常见,且比较简单,但重点是实物产品 NFT 化后能不能发挥更大的商业价值。如果能够提升产品价值,企业就可以将产品 NFT 化。

其次,在搭建 NFT 平台时,企业要明确 NFT 平台的风格。风格定位对于 NFT 平台的搭建和运营来说十分重要,鲜明的风格不仅便于用户了解企业所打造的 IP,还可以帮助企业在今后的产品运营上保持一致的格调和方向,加深用户对企业及

其产品的感知和印象。

最后，在搭建 NFT 平台时，企业要具备完备的运营资质。企业应事先准备好在平台搭建和运营中会用到的资质，如果企业对具体所需资质不太了解，可以向一些较为成熟的区块链企业咨询，通过合作或交易获取区块链企业的帮助。

搭建 NFT 平台已经成为企业入局 Web 3.0 的重要方式之一。从趋势上看，未来，NFT 平台将不断涌现，成为互联网用户的聚集地。为了在 Web 3.0 生态中更好地立足和发展，企业需要尽早制定入局 Web 3.0 的策略，并把握好搭建 NFT 平台的机遇期，为今后的发展奠定基础。

6.3.2 NFT 助力 Web 3.0 社区搭建

杭州星核未来科技有限公司（以下简称"星核未来"）是一家专注于元宇宙经济模式、Web 3.0 技术生态和数字资产社区的创新型企业。其以数字 IP 为核心，打造 Web 3.0 数字资产社区，并通过与滑板、猫舍等垂直社区的商家合作，推出附加用户权益的 NFT 作品，营造特定的社区文化氛围，使社区成员达成共识。

以已经落地运营的养猫社群为例，星核未来与 10 余家猫舍联合发行 4 个权益等级共计 3000 个 NFT，包含稀有款产品和盲盒款产品。普通权益级别的 NFT 以盲盒的形式发售，而高权益级别的 NFT 则作为稀有款产品发售。用户在交易完成并获得 NFT 后，即可享受 NFT 所附带的购买宠物猫和猫粮等商品的优惠，并获得加入"星核未来流浪猫拯救计划"和创作数字衍生品周边的资格。

在社区中，养猫人士和猫舍主理人等能够自由分享养猫、护理猫的相关知识。社群中的用户能够基于共同的兴趣点创作表情包、漫画等内容。同时，社区还会发起共识投票，邀请专业设计师入驻，或者直接将社区中用户创作的内容转化为服饰、箱包、盲盒等周边产品，而参与创作的用户能够从内容的价值转换中获得收益。

星核未来社区建设的基本目标是打造 NFT 3C（Co-create，共创；Co-governance，共治；Co-benefit，共惠）社区，并致力于提供多维度的服务，以满足用户多元化的需求。星核未来尝试和露营、滑板等特色社群内的商家合作，通过提供 NFT 铸造、展示和流转的一站式营销服务，邀请商家入驻数字社区，并帮助它们成功打造元宇宙 IP。

星核未来的盈利来源主要是 NFT 服务、平台社区增值服务和商家入驻等相关费用的收取。星核未来平台上的商家和用户可以使用人民币交易 NFT 藏品，这在一定程度上可以杜绝 NFT 炒作。目前，星核未来主要在 Polygan 公链上铸造 NFT，其自建的联盟链正处于备案中。未来，星核未来有望实现双链发行 NFT。星核未来能够实现人民币和加密货币之间的转换，这意味着平台可以代理用户的 NFT 数字藏品，而用户则可以直接享有 NFT 权益。

6.3.3 NFT 房地产刺激数字经济发展

NFT 房地产既可以代表现实世界中的实体房地产，也可以代表元宇宙中的虚拟房地产。采用 NFT 的形式指代整个或部分实体房地产的所有权，需要通过一定数量的代币或一个 NFT 来表示。

虚拟房地产一般指的是虚拟世界或游戏中的一块数字土地或一座建筑物，如元宇宙中的数字土地。用户可以在虚拟房屋中度过大量的空闲时间。虚拟房地产 NFT 可以采用任何形式来代表和展现。用户可以通过购买虚拟世界中的相关 NFT 来换取加密货币，从而获得虚拟房地产的特殊属性。

Decentraland 于 2020 年 2 月正式上线，是一个完全去中心化的元宇宙虚拟世界和社区。Decentraland 由 DAO 管理，社区中的每一位用户都可以开发和拥有属于自己的虚拟土地，并进入其他玩家所创建的场景之中。

Decentraland 中有近 10 万块土地，每块土地都包含坐标、所有者等信息。Decentraland 支持土地的拆分和组合，多块土地组合在一起就可以形成一个区域，土地还可以拥有特定的主题。

Decentraland 中的土地主要划分为公共区域和私人区域。公共区域归属于平台，例如，位于地图中心的创世纪广场就是公共区域，是新用户的出生地。用户能够在创世纪广场获取活动信息、参与主题活动、进行场景互动等。

Decentraland 中的私人区域归属于虚拟土地的拥有者。用户可以通过两种方式获取私人土地：一是参加土地拍卖活动，通过叫价购买的方式获得土地；二是到社区内的二级市场购买其他用户挂牌出售的土地。

在成功获得土地后，用户可以使用 Decentraland 社区提供的制作器 Builder 来搭建属于自己的建筑，或者在社区市场中购买已有建筑、装备等。搭建好后，用户可以将建筑置于自己的土地之上，或者将其出售。

在私人土地上，用户可以建立静态 3D 场景、创建交互式应用或游戏，还可以将一些地块组成新的主题社区。为了吸引更多的用户加入自己的主题社区，用户可以创建基于共同兴趣的共享空间和体验空间。Decentraland 中现有的空间主要有 4 类，分别是 NFT 体验空间、游戏体验空间、观赏体验空间和 Play to Earn 体验空间。

与现实世界中的房地产类似，位置是影响 Decentraland 社区中房地产价值的关键要素。很多用户宁愿以高价购买一块邻近社区的土地，也不会以低价购买一块偏远地区的土地。因此，Decentraland 社区中黄金地带的土地面市不久便被一扫而空。

知名电子科技企业三星在 Decentraland 社区中坐标为（103，76）的位置上开设了一家虚拟商店，并定期在 Decentraland 社区内举办品牌活动，如产品发布会等。

世界知名艺术品拍卖行苏富比也在 Decentraland 黄金地段的伏尔泰艺术区开设了数字画廊。该数字画廊展出很多精美的数字藏品，用户可以漫步其中欣赏画作、陶冶情操，也可以为自己喜欢的 NFT 藏品竞价。

无论从商业系统、交互逻辑还是视觉设计的角度来看，Decentraland 都是 Web 3.0 生态中完整度较高、发展较为可观的项目。作为虚拟土地领域的先驱，Decentraland 有望引领更多 NFT 房地产项目蓬勃发展。

第 7 章

DAO：“去中心化+自治”的组织范式

DAO 最大的特点是去中心化与自治。"去中心化"指的是组织内没有中心化的管理层，而"自治"指的是组织内的各个成员都拥有投票权，参与组织的治理。DAO 是"去中心化+自治"的组织范式，也是未来组织的主流形式。

CHAPTER 7

7.1 解析 DAO

下面将从 DAO 作为全新组织协作方式的主要特点、DAO 所解决的痛点及其核心价值出发，全面解析 DAO。

7.1.1 DAO：一种全新的组织协作方式

DAO 本质上是借助智能合约保持运转的组织。DAO 内部的成员往往基于同一个目标而聚集在一起，共同创造、获取和分配价值，而价值往往由代币来衡量。

DAO 目前仍处于初步发展阶段，但在 Web 3.0 生态中已经有所应用。PleasrDAO 是一个购买 NFT 的组织，与数字艺术家 Emily Yang 密切相关。她在求职无果后将自己的作品以 NFT 的形式出售，逐渐声名鹊起。

后来，全球知名的加密货币交易所 Uniswap 看到了她的作品，邀请她制作了一个动画，然后以 NFT 的形式进行拍卖。在得知这一消息后，许多喜欢 Emily Yang 作品的用户和 NFT 爱好者聚集在一起，以拍得那个 NFT 为共同目标成立了 PleasrDAO。最终，他们以 310ETH 的价格获得了那个动画 NFT。

虽然 PleasrDAO 的成员是因为喜爱 Emily Yang 的作品而聚集起来的，但在拍得其作品后，他们又陆续以高价拍下了其他创作者的作品，还对一些有潜力的 NFT 项目进行了投资。著名投资机构 a16z 曾经投资 PleasrDAO，肯定了 PleasrDAO 的巨大发展潜力。

PleasrDAO 虽然实力强劲，但准入门槛相对较高，而 PartyDAO 的准入门槛相对较低，欢迎任何人加入。PartyDAO 与 PleasrDAO 相似，也是 NFT 领域的投资型 DAO，但没有对成员所持资金的规模加以限制，任何成员都可以参与。其目的是聚集散户的力量，让每个成员都能够拥有 NFT。

PartyDAO 的特别之处在于，其组织本身并不直接购买 NFT，而是为成员提供一个筹资平台。如果某个成员想购买某个 NFT 但负担不起，可以在该平台上发起众筹。每一项众筹被称为一个 Party，感兴趣的成员可以共同参与竞价拍卖。

如果众筹成功，DAO 会按照出资比例为成员发放拆分代币，用来记录各成员的购买份额；如果众筹失败，Party 则会关闭，所募资金也会退回给成员。

成功拍下的 NFT 会存放在 DAO 持币者共同拥有的金库中。如果想要出售所持有的 NFT，持币的成员需要在 Party 内进行商议，每位持币成员都可以提出自己理想的起拍价格，并在 Party 内发起投票。如果同意率达到 50%，则以拟定的价格进行公开售卖。NFT 成功售卖后，持币成员按照持币份额获得相应的利润。

市面上的 DAO 类型众多，有一些主流的 DAO，也有许多小众的 DAO。未来，将有更多 DAO 诞生。DAO 还处于早期探索阶段，距离实现规模化、常态化应用还有很长的路要走。

7.1.2　DAO 所解决的痛点及其核心价值

作为去中心化自治的组织范式，DAO 在 Web 3.0 生态中具有无可比拟的价值。DAO 的出现，成功解决了现存组织的两大痛点，如图 7-1 所示。

1. 中心化

中心化组织已经在人类社会中运行了许多年，有效推动了人类社会的发展，但也暴露出许多弊端，例如，决策过于专断，管理者往往会无视大多数成员的利益而做出错误的决定。中心化组织对于管理团队的管理水平的要求十分高，如果管理团队水平欠缺，就无法充分发挥组织大部分成员的价值，产生最大的效能。

中心化

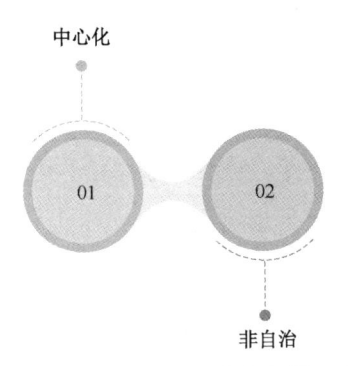

01　02

非自治

图 7-1　DAO 所解决的现存组织的两大痛点

2. 非自治

非自治的管理形式使得权力过度集中在少数人手中，容易导致极大的决策风险，还会衍生出许多治理问题，如公司代理人问题。

而 DAO 的去中心化自治模式，提高了组织成员参与治理的积极性，将权力交还给组织中的每个成员。DAO 的核心价值主要体现在以下 3 个方面。

（1）去信任化。成员在中心化组织中需要信任少数的管理者，但在 DAO 中，组织成员无须信任任何人，只需要对代码产生信任。

（2）公平决策。成员借助手中的代币进行投票，票数与影响力成正比，避免了以往权力过度集中所引发的风险，优于中心化组织的决策方式。

（3）组织架构灵活。组织成员可以通过投票对 DAO 的组织架构进行修改，与中心化组织需要层层协调相比，组织架构更加灵活。

DAO 对组织协作方式提出了全新构想，解决了传统中心化组织的痛点，使组织架构更加灵活，组织运营效率更高。

7.2 DAO 六大应用类型盘点

根据创建目标的不同，DAO 可分为六大应用类型。用户可以选择适合自己的 DAO，并积极参与方案的提出、实施等议题的内部讨论。

7.2.1 协议型 DAO：将投票权交给成员

协议型 DAO 以构建一个协议为目标，是最常见的 DAO 类型。协议型 DAO 将投票权由创始团队下放到组织的每个成员，由成员通过投票对协议进行管理。

MakerDAO 的管理权最初在 Maker 基金会手中，后来转移到社区成员手中。成员通过投票对社区的治理流程、规则、算法参数，以及针对某项议题的解决方案进行管理。如果某位成员想要推行新的方案，就需要获得超过原有方案总票数的支持票数，如此的治理方式使社区充满了活力。

MakerDAO 发行了两种代币——MKR 和 DAI。MKR 是治理代币，与公司股票类似，决定了成员话语权的大小，成员拥有的 MKR 数量越多，话语权就越大。MKR 可以在证券市场进行交易。而 DAI 是价格为 1 美元的稳定币，用以解决加密货币的波动性问题。

Uniswap 是一个去中心化的交易所，用户在智能合约的保障下完成交易。Uniswap 有两个核心功能，如图 7-2 所示。

1. 交易功能

两种能够互相交换的数字资产被称为"交易对"。两种资产可以组成一个"流动池"，它们之间具有流动性。例如，泰达币与 A、B 两种资产分别组成流动池，但资产 A、B 之间没有流动池。Uniswap 可以将资产 A 兑换成泰达币，再将泰达币兑换成资产 B，如此就实现了资产 A 和 B 之间的交易。

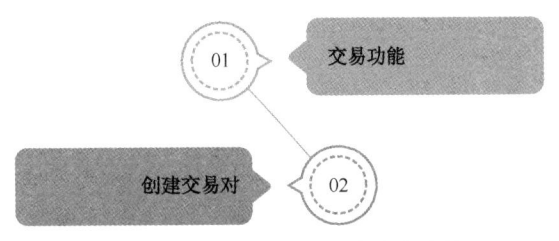

图 7-2　Uniswap 的两个核心功能

2．创建交易对

在 Uniswap 上，用户可以自行创建交易对。例如，用户可以上架资产 A 和 C，并按照一定的比例分别添加 A、C 的资产额，那么 A 与 C 的比值就是当前的价格。许多用户选择在 Uniswap 上先启动交易，再到去中心化交易所进行买卖。

大部分 DeFi 社区都是协议型 DAO，通过发行项目通证，将权力从核心团队转移到社区成员手中，并为团队提供更多的金融工具，赋能项目的启动和发展。

7.2.2　投资型 DAO：聚焦代币组合投资

投资型 DAO 的成员以投资者为核心，组织能够为成员提供良好的投资环境。成员往往会将资本带入组织中，以获得投票份额。

MetaCartel Ventures 就是投资型 DAO，是基于 DAO 构建的风投基金，标志着 DAO 向商业化迈出的第一步。在 MetaCartel Ventures 中，共有 3 种角色："魔法师""哥布林"和"召唤师"。"魔法师"负责行动管理，如寻找投资机会、进行尽职调查或管理资产等；"哥布林"是合格投资者，既可以参与管理，也可以置身幕后；而"召唤师"主要负责管理项目的财务、合规等事务。

MetaCartel Ventures 的成员中，有具有设计、开发和部署 DApp（Decentralized Applications，去中心化应用）、DAO 及其他去中心化产品经验的人才，能够为一些去中心化产品的开发，如 Mintbase、Known Origin、rDAI 等，提供早期的资金支持。

Flamingo DAO 是一个成立于 2020 年、专注于投资 NFT 的 DAO，成员准入资格为 60ETH。Flamingo DAO 主要通过电话交流进行投资决策，每两周会有一次成员间的交流会议，讨论投资趋势。在讨论过后，成员会投票决定他们是否应该用一部分 Flamingo 资产去购买新资产。成员往往会通过一个名为 The DApp 的网站进行项目提名，然后投票决定是否支持那些提名。

Flamingo DAO 有两种资产流动方式：一种是按照一定的比例给成员分配资金；另一种是创造可交易代币。如果一名成员想要转出资金，就需要在其他成员批准后进行股份转售；如果多名成员想要转出资金，则需要大多数成员共同讨论，以决定资金转出的方式。

7.2.3　服务型 DAO：为具体问题提供解决方案

服务型 DAO 主要向 DAO 提供服务，为 DAO 提供创意、营销、法律、财务等方面的解决方案。与传统的服务公司相比，服务型 DAO 具有三大优势，如图 7-3 所示。

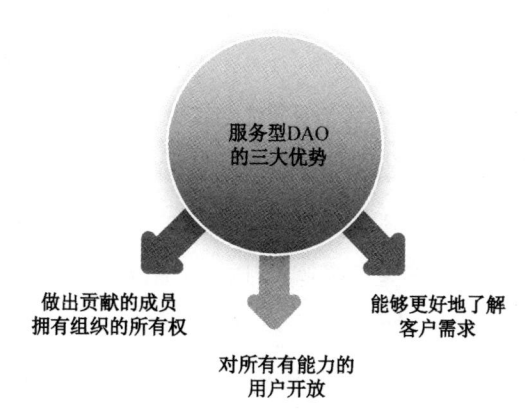

图 7-3　服务型 DAO 的三大优势

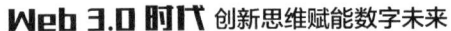

1．做出贡献的成员拥有组织的所有权

服务型 DAO 中的成员不仅可以通过为客户创造价值获得收益，还可以获得在组织中的声誉或未来的收入。成员凭借贡献值获得组织的所有权，从根本上提升了成员的主人翁意识，使其能够更好地为组织做贡献。

2．对所有有能力的用户开放

如果某位用户具有服务型 DAO 所需要的技能与价值，就会受到 DAO 的欢迎。服务型 DAO 欢迎所有有能力的用户加入，以提升自身服务水平。

3．能够更好地了解客户需求

服务型 DAO 主要解决 DAO 和加密协议领域的问题。由 DAO 领域的人才来对接这些问题，有利于更好地了解客户的需求。

Risk DAO 是为企业提供风险管理框架的服务型 DAO，主要针对借贷市场和稳定币协议提供审计和其他服务。Risk DAO 尚未发行代币，主要由几名成员控制一个多签钱包。一般情况下，Risk DAO 通过多签钱包收取款项，再分配给做出贡献的成员，或者通过协议直接将款项支付给做出贡献的成员。

Risk DAO 的成员分工不同，有人负责业务拓展，有人负责开发潜在客户。他们还通过发表论文和研发开源工具的方式扩大自身影响力，从而吸引许多新客户。

7.2.4 媒体型 DAO：让创作者获得更多自主权

媒体型 DAO 以制作媒体内容为主要目的，每位成员都可以参与内容创作，并获得更多的创作自主权。媒体型 DAO 往往会制订奖励计划，激励成员进行内容创作，并通过共同治理决定组织未来的发展。

Bankless DAO 是一个典型的媒体型 DAO，起源于媒体 Bankless。Bankless 对于加密行业十分了解，通过发布文章与用户分享自己的见解，深受用户欢迎。在 Bankless DAO 起步时，Bankless 团队发布营销文章进行号召，并发行了 BANK 代币，给予其忠实用户 BANK Token，吸引了众多用户进入社区。这些用户在

Bankless DAO 中通过自己的贡献赚取 BANK 代币，还组成了若干行业公会。

任何用户都可以通过 Discord 平台进入 Bankless DAO，并浏览其中的内容，但只有成为 Bankless DAO 的会员，才能参与会议。目前，Bankless DAO 有写作、财务、分析、翻译等行业公会，公会和项目小组均借助互联网工具进行协作。Bankless DAO 成员在 Discord 平台上开展讨论，讨论形成的结果会在消息栏中展示，成员可以跟踪项目进展。

此外，Decrypt 也是媒体型 DAO，主要负责推广加密货币与 Web 3.0，会定期发布每日新闻摘要、每日电子邮件通信等内容，还会举办圆桌会议与采访等活动。Decrypt 有两个特点：一是用户可以通过投票决定后续推出的节目类型；二是 Decrypt 会定期更新创作者的加密货币持有量，避免创作者出于私心而推广自己的加密货币。

7.2.5 社交型 DAO：以话题和爱好聚集用户

社交型 DAO 以"认识兴趣相同的用户"为目的，用户只需要支付会员费用，并购买一定数量的 DAO 代币，便可以进入某个社交圈子。

FWB（Friends With Benefits）是一个社交型 DAO，创立初期的目标是建立一个具有一定门槛的 Discord 服务器群组，后来演变成了如今的创意人才聚集地。

用户想要加入 FWB，需要提交一份书面申请并经由社区审查与投票。同时，用户还需要购买一定数量的 FWB 代币，以获得 DAO 的所有权及社区财务的管理权。

目前，FWB 拥有将近 2000 名成员，聚集了大量的创意人才。FWB 的成员在世界各地开展聚会，还推出了许多优秀的项目，如可实现代币准入的应用程序、NFT 画廊、虚拟音乐工作室等。未来，FWB 计划推出名为 FWB Cities 的项目，与现实世界中的社区合作，帮助用户在真实世界中创造收益。

7.2.6 收藏型 DAO：收集有价值的 NFT 作品

收藏型 DAO 追求收集有价值的 NFT 作品，为 NFT 爱好者打造一个讨论社区，并建立投资 NFT 的标准。

Jenny DAO 是一个收藏型 DAO，成员共同决定获取 NFT 的种类，并将 NFT 添加到基于 Unicly 协议的智能合约控制的保险库中进行管理。如果用户想要投资和治理项目，就要发起投票，只有达到一定数量的持有 Jenny 通证的用户表示同意，提议才可以落地。

Vulcan DAO 也是一个收藏型 DAO，其活动十分丰富，例如，购买 NFT 作品或社交代币、对数字艺术家进行投资、进行策展委托、举办虚拟空间活动等。总之，Vulcan DAO 为 NFT 项目的发展及其基础设施建设贡献良多。

Vulcan DAO 的收益大多来自艺术品投资及策展委托。如果数字艺术家加入 NFT 基金，并且通过 NFT 基金发售艺术品，那么 Vulcan DAO 就会获得收益。如果策展作品是第一次售出，那么 DAO 就可以获得作品销售收入的 20%。

7.3 构建基于 Web 3.0 的 DAO

下面从一个完善的 DAO 应该包括哪些内容、DAO 的贡献管理机制和治理机制 3 个方面入手，详细解读如何构建基于 Web 3.0 的 DAO。

7.3.1 一个完善的 DAO 包括哪些内容

一个完善的 DAO 应包含两个要素：共同的目标，以及优质成员共同组成的高质量社区。

1. 共同的目标

一个 DAO 往往是因为用户具有共同的目标而建立的。正如求职者求职时需要了解目标雇主的经营理念、发展目标一样，用户在加入一个 DAO 社区时，也需要对这些因素进行考虑。因此，具有一个能够吸引用户的组织目标，是一个完善的 DAO 的必备条件之一。

共同的目标正是 Constitution DAO 成功的要义所在。Constitution DAO 由几个加密爱好者于 2021 年 11 月 11 日建立。当时，苏富比拍卖行正在拍卖一份稀有的美国《宪法》副本。Constitution DAO 的成员认为，美国《宪法》的副本不应该由私人富豪单独占有，而应该由全民共同拥有，因此成立了 Constitution DAO 来募集资金参与拍卖。

在共同目标的驱使下，Constitution DAO 在 JuiceBox 上众筹了将近 11000 个 ETH，约合 4500 万美元，是当时预估成交价格 2000 万美元的两倍多。

虽然最终 Constitution DAO 没能在拍卖中获得成功，美国《宪法》副本由他人拍走，但不可否认的是，能够在短时间内吸引两万名贡献者，募集将近 4500 万美元，其共同的目标发挥了极大的作用。可见，在 DAO 发展初期，成员拥有共同的目标是推动 DAO 快速发展的决定因素。

2. 优质成员共同组成的高质量社区

如果说共同的目标决定了 DAO 的起步速度，那么社区质量则决定了 DAO 在未来能够走多远。因为优质的成员能够为社区做出贡献，并完善相关机制。根据成员加入时间和 DAO 成立时间的先后顺序不同，具有高质量社区的 DAO 可分为以下两类，如图 7-4 所示。

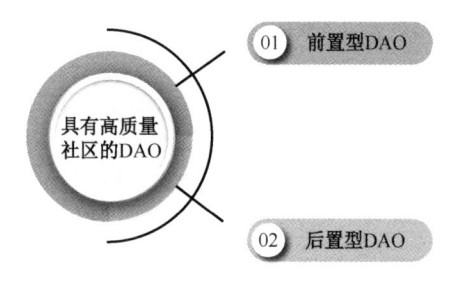

图 7-4 具有高质量社区的 DAO 的两种类型

（1）前置型 DAO。

成员加入时间在 DAO 成立时间之前的被称为前置型 DAO，其筛选成员的标准是审查成员的过往行为，以确定其是否具有加入 DAO 的资格。前置型 DAO 往往会依据成员的链上行为量化其贡献，并将它折算成相应数量的 Token。这些 Token 会被当作 DAO 的治理通证。例如，Open DAO 筛选成员的标准为是否在 OpenSea 上有过交易行为。

前置型 DAO 的优势在于组织可以依据真实的链上行为来精准筛选早期的目标用户，而劣势在于组织无法在初期募集到启动资金，组织的传播推广可能会因为缺乏资金而受到限制。

（2）后置型 DAO。

成员加入时间在 DAO 成立时间之后的被称为后置型 DAO。组织者发起 DAO 并在相应的平台上进行募捐，捐款用户可以获得治理 Token。治理 Token 是否拥有经济价值取决于 DAO 的未来发展。DAO 发展得越好、影响力越大，DAO 的治理权越珍贵，治理 Token 的价值越高。后置型 DAO 能在发展初期就获得一笔启动资金，但也有可能吸引一批投机者。

拥有共同的目标和高质量的社区，从而建设一个完美且有发展潜力的 DAO，是每个 DAO 组织者的最大愿望。

7.3.2 建立完善的贡献管理机制

在去中心化组织 DAO 中，没有绝对的领导者，成员共同参与、商议、做出每一个决策，成员共同努力，以促进 DAO 不断发展。因此，如果没有完善的贡献管理机制，成员就会失去努力的动力，进而影响组织的生存和发展。目前，DAO 最常用的贡献管理方法有以下几种，如图 7-5 所示。

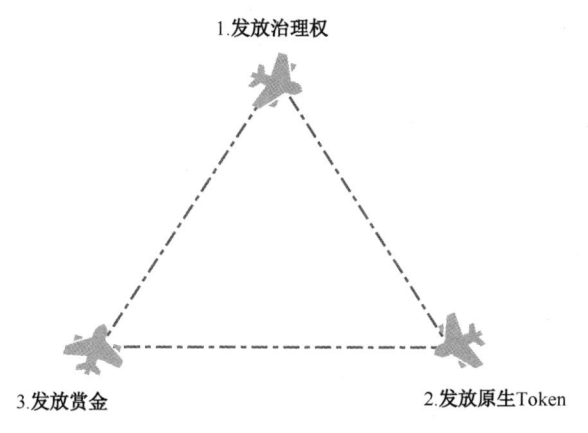

图 7-5　DAO 最常用的贡献管理方法

1. 发放治理权

DAO 核心层的设立是为了能够更高效地协调和管理组织的日常运作。成员想要进入 DAO 的核心层，就需要贡献时间和精力。做出足够多的贡献，成员便可以申请参与 DAO 的治理。成员获得治理权意味着其可以对组织的日常事务进行决策。

发放治理权的方式可以使优质成员获得精神上的归属感，他们不是 DAO 治理的旁观者，而是真正的参与者，从而更有意愿为组织的发展呕心沥血。

2．发放原生 Token

在 DAO 成立时，组织者可以向做出贡献的成员发放原生 Token。原生 Token 类似于公司的股票期权，当 Token 价格上涨时，对成员的激励作用十分明显。

3．发放赏金

DAO 也有明确的角色分工。赏金适用于内容简单且具有明确评判标准的一次性任务，这种任务对成员的过往经验要求不高，只要求最终能实现目标。例如，Badger DAO 通过赏金机制快速推进一个实习项目。

综上所述，贡献管理机制作为决策机制的一部分，可以充分调动成员参与社区治理的积极性，有益于 DAO 的可持续发展。

7.3.3　DAO 治理机制：算法治理+投票治理+代表治理

优秀的治理机制可以促使成员积极主动地参与 DAO 的治理与决策，更好地实现价值共创。DAO 的去中心化治理机制可以分为三大模式，如图 7-6 所示。

图 7-6　DAO 去中心化治理机制的三大模式

1．算法治理

算法治理指的是通过智能合约处理大部分决策，减少成员的介入。Compound

就采用去中心化的借贷协议进行治理，以减少成员干预。Compound 的治理模型为 DAO 治理提供了借鉴，其成功归功于以下 7 个因素。

（1）COMP 通证。即 Compound 治理通证。成员持有的通证数量与其所拥有的治理权相关，通证越多，治理权越大。

（2）委托代理。持有 COMP 通证的成员不能直接进行提案或投票，需要将投票权委托给某个地址，也可以委托给自己的地址，然后才能进行提案或投票。当某个地址的 COMP 通证持有量或被委托量超过 COMP 通证总供应量的 1%时，就能发起提案或发起投票。

（3）提案。Compound 的提案是可执行的代码，可用于修改协议或协议运作的方式。例如，添加一个全新的借贷池、改变某个资产的利率模型等。

（4）Governor Bravo。Governor Bravo 是 Compound 的一个治理模块，当对某一提案的支持度超过一定值时，该提案将会进入 Governor Bravo，启动一次时限为 3 天的投票。

（5）投票。接受投票权委托的成员可以参与投票，如果大部分成员同意，那么提案将进入时间锁阶段。

（6）时间锁。时间锁是指提案从通过到执行的这段时间。普通提案的时间锁大多是 2 天，如果是一些重大决策，那么时间锁往往是 14 天。

（7）暂停。部分成员拥有一些特殊权利，为了规避风险，可以对"挖矿"、借款、转移资产等功能进行暂停。

2．投票治理

大多数 DAO 都会发放具有投票权的通证，成员凭通证参与 DAO 治理。最常用的"一通证一票"模式让拥有通证数量多的成员掌握决策权，但这违背了去中心化的原则。为此，一些 DAO 推出去中心化的投票治理机制，包括以下几种常见的类型。

（1）全息共识。

随着 DAO 的规模不断扩大，其治理成本也不断增加，难以实现每位成员都

对每个提案进行投票。针对这一问题，DAOstack 提出了名为"全息共识"的解决方案。

全息共识旨在集中 DAO 的整体注意力，让成员的提案获得其他成员的关注，能够使少数人正确表达大众的意志。

全息共识机制基于一个名为 GEN 的注意力通证运行。GEN 不能用于投票，但能用于对提案进行押注。如果某提案通过，押注了该提案的成员就会获得更多的 GEN；如果该提案没有通过，押注了该提案的成员就会失去这部分 GEN。

全息共识建立了一个和投票机制平行的预测市场，让 DAO 具有了一个扩展性强大的框架。当然，全息共识也有局限性，例如，它能够筛选出热度较高的提案，但未必能筛选出有价值的提案。

（2）信念投票。

在信念投票模式下，成员可以随时对一个提案进行投票，也可以随时撤回投票。无论是投票还是撤回投票，成员投票的效用都会持续一段时间。成员投票后，其投票效用会减速增长，直至达到最大值；撤回投票后，其投票效用会加速减少，直至消失。这种灵活的方式不强制成员对自己不感兴趣的提案进行投票。

（3）流动民主。

流动民主指的是拥有投票权的成员可以将自己的投票权委托给信任的其他成员，成员可以随时撤回委托，转而委托他人或自行投票。Aragon 最早采用了流动民主机制，提高了持币者的参与率，进而提高了投票决策的合法性。尽管这一模式还存在贿选、串通等问题，但通过反应更加灵敏、层次更多的委托机制，流动民主增加了每个成员的选择权，也显著增强了委托人对被委托人的监督作用。

3．代表治理

代表治理是指 DAO 组织内选取一部分成员作为社区的代表进行协议治理，主要分为议会治理和社区治理两种形式。Aave 简化了治理过程，在社区内设置一些子社区来管理特定事务，例如，Grant DAO 负责金额较小的决策。

虽然社区治理的模式主要有以上 3 类，但在实际运行过程中，DAO 大多会根据自身情况同时采取多种治理模式，并不断探索适合自身发展的治理体系。

7.3.4　SeeDAO：计划推出 DAO 孵化器

SeeDAO 是国内 DAO 的一个初步尝试，创办不到一年，就在国内外拥有了一定的知名度，获得了许多用户的喜爱。然而，其发展之路并非一帆风顺，而是多次遭遇困境，一度停滞不前。幸运的是，许多 DAO 领域的探索者对其伸出援手，再加上其自身不懈努力，SeeDAO 才得以继续发展。

出于想要在 DAO 领域探索的目的，两位创始人唐晗和白鱼于 2021 年 11 月建立了 SeeDAO。因为对社区建设与治理机制的理解不深，所以建立初期 SeeDAO 只停留在吸引 Discord 用户的层面，社区的成员大多是公司的员工。那时，SeeDAO 仍处于中心化运营的状态。虽然当时 NFT 盛行，但团队无意将其作为财富密码吸引用户。

2022 年 1 月，SeeDAO 低调完成了 A 轮融资。为了避免融资成功的消息引来大量投机者，对社区氛围造成破坏，SeeDAO 团队并没有对外披露融资消息。尽管是在缺少资金的情况下艰难运行，但团队并没有放弃，依然鼓励成员积极互动。社区气氛因此逐渐好转，成员数量不断增加，内部公会不断建立。

2022 年 2 月，由于缺乏经济鼓励、成员之间存在认知差距等问题，SeeDAO 难以达成有效的共识与治理机制。经过谨慎思考，团队将教育作为发展社区文化的重点，专注于内容输出，SeeDAO 因此迎来了将近 3 个月的爆发期。许多内容输出板块纷纷建立，如翻译公会、Web 3.0 知识科普等，成员的社区共识与参与意识逐渐增强。

随着 SeeDAO 的发展，又出现了新的问题，那就是成员在利益分配与社区治理方面的分歧越来越大。SeeDAO 成员经常因为一些问题而争吵，如社区怎么治理、由谁说了算等。创始人唐晗、白鱼在巨大的压力下决定解散公司。

公司解散后，自治社区完全失控了。创始人在解散公司时，将曾获得的 3000

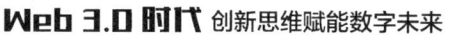

万美元融资打入了 SeeDAO 的金库。这一举动引来了大量的投机者,但由于缺乏相关治理规则,社区无法向金库申请资金,所有成员都来找唐晗和白鱼处理问题,二人成为众矢之的。为了应对这种局面,唐晗和白鱼决定让渡权利。SeeDAO 成员推举出一个临时具有最高决策权的 9 人小组,负责化解社区矛盾、制定治理规则。

9 人小组花费了 3 个月的时间解决历史遗留问题,并制定了新的治理规则——SeeDAO 元规则。这一规则规定 SeeDAO 采取分层结构的治理方式,鼓励就近治理和专家治理,将"节点共识大会"确立为社区的最高决策机构,每 3 个月召开一次会议,对重要事项进行决策;由"战略孵化器"负责 SeeDAO 的经济发展,充实社区金库。SeeDAO 的发展由此走上正轨。

2022 年,SeeDAO 推出孵化器平台 C-Combinator。2023 年 1 月 26 日,SeeDAO 战略孵化器启动主题为"在 SeeDAO 游戏人生"的第二季 Workshop(工作坊),探索 DAO 的全新发展方向。

SeeDAO 创建时间不长,但贡献颇多,例如,翻译了许多 Web 3.0 相关文章、推出了 Web 3.0 相关课程、孵化了一批 DAO 工具。虽然 SeeDAO 在治理过程中遇到了许多挫折,但其作为探索者,对其他 DAO 的发展具有极强的借鉴意义。

第 8 章

元宇宙：Web 3.0 时代的网络形态

元宇宙的蓬勃发展离不开新兴技术，作为 Web 3.0 时代的网络形态，元宇宙与 Web 3.0 密切交织。Web 3.0 下的元宇宙生态内涵十分丰富，包括内容生态、虚拟数字人生态等。元宇宙在 Web 3.0 时代具有天然的发展优势。

CHAPTER 8

8.1 解析元宇宙

元宇宙经历了复杂的发展过程，融合了多种先进数字技术，具有强大的技术根基，凭借显著的技术优势拥有广泛的应用场景。

8.1.1 元宇宙的前世今生

元宇宙经历了 30 余年的发展，实现了从文本概念向实践探索的转变。下面从"前世"和"今生"两个角度介绍元宇宙的演变历程。

1. 前世：元宇宙的溯源

Metaverse（元宇宙）一词由 meta（超越）与 verse（宇宙）组合而成，最早见于 1992 年美国科幻作家尼尔·斯蒂芬森的科幻小说《雪崩》中。该小说将元宇宙塑造成一个共享的线上虚拟世界，用户可以在这个虚拟世界中进行实时互动，甚至在虚拟世界中工作、生活。同时，该小说将元宇宙描述为一个与现实世界平行的网络世界，现实世界中因地理位置不同而相互隔绝的人们，可以通过各自在元宇宙中的化身进行娱乐和互动。

此后，1995 年推出的在线虚拟平台 Active Worlds、2003 年推出的网络虚拟游戏 Second Life、2006 年推出的多人在线创作游戏《Roblox》、2012 年推出的 3D 沙盒游戏 Minecraft、2013 年推出的虚拟生活游戏 Avakin Life、2016 年推出的 VR 社交应用 Rec Room、2017 年推出的虚拟现实游戏 VRChat 和 2018 年推出的 Fortnite Creative 游戏创作工具等元宇宙应用，都在不同程度上增加了人们对元宇宙的认知与探索兴趣。

此外，于 2016 年面世的 Oculus Rift（一款头戴式显示器）不仅强化了用户在虚拟世界中的体验，还加快了虚拟现实技术在元宇宙中的落地应用。

2．今生：元宇宙的发展

经历了数十年的探索，元宇宙迎来了突破性进展。2021 年 3 月，元宇宙的代表性股票——Roblox 在纽约证券交易所正式上市；2021 年 10 月，社交媒体顶流应用 Facebook（脸书）宣布正式更名为 Meta（元），开始向一家元宇宙公司转型；2021 年 11 月，计算机科技巨头微软公开了其向元宇宙方向发展的具体计划。

同一时期，网易、字节跳动和腾讯等国内企业也加快了在元宇宙领域实现商业化发展的步伐，大批互联网公司争相申请注册元宇宙相关的商标。红杉资本、真格基金、高瓴资本、险峰长青、晨兴资本、五源资本等一线投资机构也开始大力布局元宇宙赛道。

值得一提的是，元宇宙并非停留在资本的开发运用场景和互联网专业人士的分析语境当中，而是已经在社会公众层面掀起了广泛的参与和讨论热潮，引发了强烈的传播效应。2021 年，"元宇宙"一词登上各大媒体的年度热搜榜，更多群体开始关注元宇宙，2021 年也因此被称为"元宇宙元年"。

8.1.2　技术基础：元宇宙是多种技术融合的体现

元宇宙构建在坚固的技术基础之上，主要集成了 6 种先进技术，如图 8-1 所示。元宇宙依托区块链搭建数字经济体系，凭借人机交互跨越时间和空间，脱胎于电子游戏为用户提供沉浸式体验，运用人工智能完成多场景深度学习，基于网络及运算技术建设算力即服务的基础设施，携手数字孪生技术融合现实世界与虚拟世界中的身份、经济和社交系统，赋能用户在元宇宙中创作个性化内容，从而共建、共享多元化的世界，打造出虚实融合的数字生活空间。

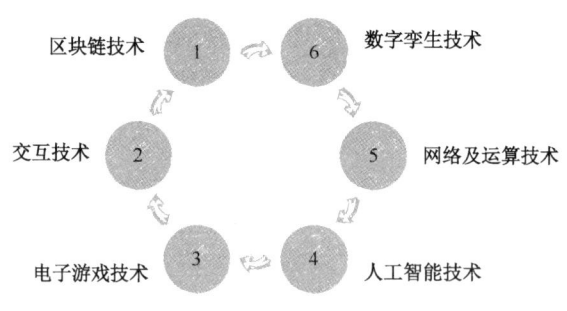

图 8-1 元宇宙集成了 6 种技术

（1 区块链技术　2 交互技术　3 电子游戏技术　4 人工智能技术　5 网络及运算技术　6 数字孪生技术）

1. 区块链技术

区块链是融合多种现有技术的新型分布式存储和计算范式。从广义上看，区块链是利用分布式算法生成数据，利用密码学传输数据，利用链式数据结构存储与验证数据，利用智能合约操控数据的一种新型计算范式。从狭义上看，区块链是按照时间顺序连接不同数据区块所形成的链式数据结构，进而以密码学方式保障数据区块不可伪造和不可篡改的分布式账本。有了区块链技术的支撑，元宇宙得以构建具备独特属性的数字资产和数字经济系统。

DeFi 和 NFT 是区块链的核心。其中，DeFi 具有去中心化、开放、透明、高效、公平、安全和稳定的特点，使元宇宙中的价值创造和流通更加便捷、顺畅。而 NFT 因其不可分割和不可复制的特性，具备独特的收藏属性，从而被用于数字资产（如游戏道具、艺术品等）的记录和交易。

2. 交互技术

交互技术一般指的是 XR 技术。XR 通过将现实世界与虚拟世界相结合，构建一种人机交互的虚拟现实环境。XR 是 AR、VR、MR（Mixed Reality，混合现实）等技术的统称。

其中，AR 是无缝衔接现实世界与虚拟世界中信息的技术，将难以传递的实体信息，如视觉、味觉、听觉、嗅觉、触觉等，通过计算机模拟仿真，而后叠加到现实世界中，带给用户超越现实的感官体验，使现实环境和虚拟物品能够在同一时空中叠加与融合，增强了用户对现实世界的体验。

VR 是一种能够创建虚拟世界的技术，运用计算机构建一种用户不能直接看见，而需要通过电子设备（如 VR 眼镜）才能看见的虚拟环境。用户沉浸其中，能够获得身临其境的感受，并能进行实时交互。

AR 和 VR 融合所产生的就是 MR，是现实世界与虚拟世界混合在一起后所形成的新型可视化环境，同时包含了现实世界与虚拟世界的物品和信息。而且，来自现实与虚拟两个世界的信息的传递是实时的，因此，MR 能增强用户体验的真实感。

现阶段，XR 技术能够实现的交互主要有 4 种，分别是以自然语言为主的语音交互、以眼球追踪为主的眼神交互、以神经元为主的脑机交互和以肢体为主的手势交互。

3．电子游戏技术

游戏引擎是电子游戏技术的重要组成部分，主要包括渲染引擎（2D 图像引擎和 3D 图像引擎，即图像渲染器）、物理引擎、音效引擎、脚本引擎、网络引擎、人工智能引擎、碰撞探测系统和其他插件。几乎元宇宙开发中的所有重要环节都需要渲染引擎。

另一项重要的电子游戏技术是实时渲染技术，其具有可编程和高度真实两大特征。人们在电视、电脑、手机屏幕上和 VR 眼镜中所看到的 3D 影像就是通过实时渲染技术将 2D 图像整合形成的 3D 模型。实时渲染技术也能通过计算机视觉技术将 3D 模型转换为 2D 图像。实时渲染的本质就是对图形数据的实时输出和计算。最具代表性的图形数据源是顶点，包含纹理坐标、法向、位置、权重、颜色等。

电子游戏技术还包括 3D 建模。3D 建模可以根据简单的几何模型建立复杂的角色模型，将现实世界数字化。无论是静态产品的设计还是动态场景的搭建，都需要用到 3D 建模。对现实世界进行全方位 3D 建模，可以塑造一个与现实世界几乎完全一致的数字孪生世界，这也是构建元宇宙的重要手段。未来，3D 建模技术将不断与云计算、大数据、人工智能等技术融合，实现自动化建模，为元宇宙的实现奠定坚实的技术基础。

4．人工智能技术

人工智能是开发、研究用于扩展人类智慧的理论、技术和应用的一门科学，

涉及计算机科学、控制论、信息论、心理学、自动化、仿生学、生物学、哲学等跨学科领域。经过长期的发展，人工智能度过了模拟人类智慧的阶段，逐渐发展为研究人类智慧活动规律的技术，人工硬件或软件能够通过模拟人的智力和思维方式来帮助人们完成工作。

人工智能技术具备 3 种能力：第一种是运算智能，即使机器具有"能存会算"的能力，主要基于计算机存储和计算技术；第二种是感知智能，即使机器具有听、看、说等人类具有的能力，主要基于语音识别、图像识别、语音合成等技术；第三类是认知智能，即使机器具有思考的能力，主要依托智能客服、机器翻译、虚拟助理等技术。

人工智能技术被广泛应用于元宇宙的各种场景、各种层面和各种应用中，如电子游戏人物的自动生成、人机交互中的脑机接口、区块链中的智能合约、元宇宙虚拟人物语音识别、机器语音翻译、数字孪生生命周期管理、算力网络中的网络 AI 等。人工智能在元宇宙中的渗透应用搭建起元宇宙虚实结合的数字空间。

5．网络及运算技术

网络及运算技术关乎元宇宙的平稳运行，元宇宙的运行主要依靠的是算力网络。为了满足元宇宙在信息处理方面的算力需求，算力网络汇集算力资源，将闲散算力的节点连接在一起并进行全局优化，再通过计算机和网络将计算资源提供给相应的服务和应用，为元宇宙上层业务提供算力服务，最终确保元宇宙用户获得良好的体验。

算力网络是为应对元宇宙算网融合发展而构建的新型网络架构，能使算力在网络中更加可控、可管、可用。算力网络能够根据业务需求，在网、端、云、边按需调度和分配网络资源、算法资源、算力资源和存储资源等网络基础设施。元宇宙在运行过程中所产生的庞大数据量对算力的需求是无止境的，算力网络将朝着泛在连接与泛在计算相结合的方向不断演进，加强网络与计算的深度融合，为元宇宙打造更加泛在、智能、协同、柔性、安全和至简的网络环境。

除了算力网络，物联网也能够帮助元宇宙收集海量数据。而以 6G 移动通信技术为代表的一体化网络架构将为元宇宙提供泛在连接、深度连接、智慧连接和全息连接，让用户获得更加顺畅的沉浸式体验。

6．数字孪生技术

数字孪生是指在设备或系统中创建一个目标对象的数字版克隆体，也称"数字孪生体"。数字孪生体是虚拟的，存在于信息化平台上。数字孪生技术充分利用传感器更新、运行历史和物理模型等，集成了多尺度、多学科、多概率、多物理量的仿真过程，映射到虚拟世界之中，以反映数字孪生体所对应的目标实体的生命周期过程。

数字孪生体不支持随意篡改。如果想要在系统设计方面进行改动，或者想要事先了解系统在特殊外部条件下的反应，工程师可以在孪生体上进行相应的"实验"。这样既能够避免随意篡改系统设计对系统本体产生不良影响，也能够节约成本、提升效率。

数字孪生是全生命周期、实时和双向的。全生命周期是指数字孪生贯穿元宇宙产品设计、制造、交易、服务和维护的整个周期，不局限于助力企业更好地设计产品，还包括为用户提供更好的产品使用体验。实时是指孪生体可以与本体建立实时联系，本体和孪生体并不是完全独立的，它们之间的映射关系具备实时性。双向是指本体和孪生体之间的数据流通是双向的，并非只由本体向孪生体传输数据，孪生体也可以向本体进行信息反馈。工程师可以根据孪生体反馈的信息，对本体进行优化。

元宇宙是上述 6 种技术融合的产物，是各种技术的集大成者。元宇宙的成功离不开上述技术的发展与成熟。

8.1.3　明星项目：Decentraland+Sandbox

近两年，以 Decentraland、Sandbox 为代表的元宇宙项目的销售总额保持着上涨态势，而这些项目的原生代币的价值也强劲上涨。

Decentraland 依托以太坊区块链，是一个完全由用户所有的、去中心化的虚拟现实平台。区块链技术使得 Decentraland 上的访问和交易行为都有迹可循。作为第一批采用 DAO 社区治理模式的平台之一，Decentraland 的用户能够通过集体投票成为平台的治理者。

在 Decentraland 平台上，MANA 是可以替代 ERC-20 加密货币的游戏代币，有着固定的供应量，能够用于购买化身、土地、游戏、收藏品等元宇宙中的物品。赚取 MANA 的能力是对游戏开发人员创作优质内容的一种激励。用户使用 MANA 购买物品后，所支付的 MANA 就不复存在，因此，MANA 是一种通货紧缩货币。

Decentraland 的用户可以随意参观虚拟世界中的房屋和建筑，也可以参与虚拟世界中的游戏和活动，并在参与的过程中触发一些剧情，如捡到收藏品、发现宝箱等。用户可以自由地与同一空间内的其他用户通过文字和语音进行对话，在元宇宙中畅快地交流和玩耍。

此外，Decentraland 的用户能尽情发挥想象力和创造力，利用平台提供的制作器进行内容创作，并将创作的内容置于自己的元宇宙世界中，或者在元宇宙中进行销售。

Sandbox 也是一个依托区块链搭建的元宇宙游戏平台，以"让用户打造属于自己的虚拟世界"为宗旨。在 Sandbox 平台上，用户可以充分发挥自己的想象力和创造力来建立、经营自己构建的虚拟世界。

Sandbox 绘制了一幅虚拟世界地图，用户可以在这张地图上找到全部 LAND（不可伪造的 ERC-721 代币）。用户一旦购买了 LAND，就可以在自己的虚拟土地上运行自己的游戏。用户也可以邀请 Sandbox 的其他用户与其共同开发土地，或者以出租土地的方式获取收益。

Sandbox 有 3 个核心要素：VoxEdit 编辑器、游戏制作器和交易市场。其中，VoxEdit 编辑器是一个 3D 建模包，支持用户自行创建内容资产，并投放到市场以赚取收益；游戏制作器支持用户自主研发游戏，用户可以邀请其他用户体验自己所研发的游戏；而交易市场是基于算力网络搭建的，供用户以代币进行游戏内容的交易。

Decentraland 和 Sandbox 都是有代表性的元宇宙游戏应用，在一定程度上彰显了元宇宙的价值和可观前景。

8.2 Web 3.0 与元宇宙

元宇宙是 Web 3.0 生态的一个维度，与 Web 3.0 生态相互交织、相互赋能，共同推动数字经济与数字生活的发展。下面将具体讲述 Web 3.0 与元宇宙之间的关系。

8.2.1 Web 3.0 与元宇宙有何关联

元宇宙在《牛津英语词典》网页版中的定义为"一个虚拟现实空间，用户可在其中与电脑生成的环境和其他人交互"；在维基百科中的定义为"通过虚拟现实的物理现实，呈现收敛性和物理持久性特征，是基于未来互联网的具有连接感知和共享特征的 3D 虚拟空间"。直到现在，元宇宙仍然是一个不断演变和发展的概念，各方对它的理解和定义都莫衷一是。当前获得普遍认同的观点是：元宇宙的发展过程大致分为 3 个阶段，即数字孪生、虚拟原生和虚实融生。现阶段，元宇宙一词的含义仍然偏向于游戏化，仿佛现实世界是一个传统的宇宙，而元宇宙则是一个全新的游戏世界，入驻元宇宙的主体能够自由行动，甚至为所欲为。

站在数字经济的维度，元宇宙应该是现实世界的映射，其发展目标应该是提高现实社会的资源分配效率，扩大现实社会的福利边界，而不是让人们以一种全然不同的身份来逃避现实世界，甚至为了弥补现实生活中的不足，在元宇宙中跟风炒房、炒地，从而产生新的资本泡沫。由此，促进元宇宙的发展，一定要把准其服务现实社会和实体经济的定位和作用。

Web 3.0 和元宇宙是两个完全不同的概念。Web 3.0 是新一代互联网，是推动社会全方位创新的引擎。而元宇宙是 Web 3.0 生态的一个维度，涵盖游戏、电影、音乐、娱乐、社交、教育等多个方面，通过 Web 3.0 的技术创新来实现其功能和价值。

当然，Web 3.0 与元宇宙还是有共通之处的，Web 3.0 与元宇宙一体两面，相辅相成。Web 3.0 可以看作元宇宙的核心技术层，代表着元宇宙技术的发展方向，是元宇宙的技术支持和基础设施；元宇宙是 Web 3.0 技术的应用成果之一，代表着 Web 3.0 应用场景的未来发展趋势，是 Web 3.0 的上层建筑。

8.2.2 Web 3.0 与元宇宙相互交织，企业迎来哪些机会

在 Web 3.0 与元宇宙相互交织的时代，企业要敏锐把握时代所赋予的发展机会。以元宇宙游戏领域的代表性企业 Roblox 为例，从上市那一刻起，该公司的股价就一直处于游戏市场的头部。Roblox 2021 年第三季度财报显示，企业收入同比增长 102%，达到 5.093 亿美元，平均 DAU（Daily Active User，日活跃用户量）为 4730 万，同比增长 31%。受财报发布影响，Roblox 股价又一路飙升。

为什么 Roblox 能够在资本市场上风生水起？这与其一直主打元宇宙概念密切相关。Roblox 本质上是一个沙盒游戏平台，如图 8-2 所示。Roblox 融入了元宇宙的诸多元素，为其平添了诸多魅力。

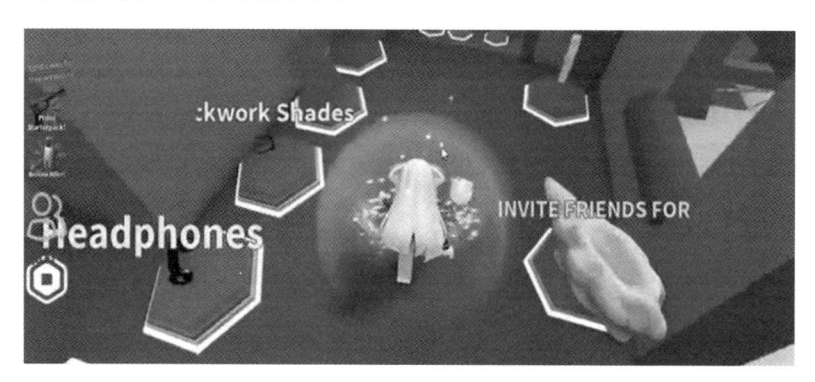

图 8-2 沙盒游戏平台 Roblox

在虚拟空间的沉浸体验、内容生态、社交体系和经济系统 4 个方面，Roblox 都做了诸多努力。

1. 沉浸体验

Roblox 兼容 VR 设备，同时具有头部追踪、转换视角等功能，为玩家提供了沉浸感极强的游戏体验。

2. 内容生态

Roblox 为玩家提供多样的创作工具和丰富的素材库，鼓励玩家自由创作。玩家可以根据自己的兴趣创作角色扮演、动作格斗、经营养成等多种类型的游戏，并可以自行设计游戏的场景、道具、脚本等。

3. 社交体系

Roblox 具有很强的社交功能，玩家可以在虚拟世界中与好友一起创作、体验游戏，也可以结识新的朋友，甚至可以在虚拟世界中举办演唱会、生日聚会等，邀请朋友参加。

4. 经济系统

Roblox 有一套建立在虚拟货币 Robux 之上、完整的经济系统，覆盖内容创作与消费。玩家可以购买或通过设计道具、创作游戏等获得 Robux，也可以从其他 Roblox 玩家那里购买 Robux，用于游戏中的消费。Robux 可以与现实世界中的货币互相兑换，玩家可以将获得的 Robux 兑换成现实中的货币。

Roblox 在资本市场中的火热发展，使得更多的企业看到了未来互联网行业的发展方向和资本风向。不少企业迅速行动，纷纷跑马圈地，押注元宇宙。新兴的游戏公司和 VR 企业等借元宇宙的东风获得了融资。而腾讯、字节跳动等国内互联网大厂也投资动作不断，加速布局。在传统互联网行业发展放缓的当下，各大巨头需要寻找一个新的增量市场，以进一步巩固和扩大自身的商业版图，元宇宙似乎是不二之选。

CHAPTER 8

8.3 Web 3.0 下的元宇宙生态

在元宇宙中,用户能够拥有虚拟化身,参与虚拟世界的搭建,体验更加丰富的交互活动,充分释放能量,创造价值。Web 3.0 下的元宇宙生态主要包括内容生态和虚拟数字人生态。

8.3.1 内容生态:沉浸式的内容交互方式

元宇宙赋能创作者创作更具互动性和沉浸感的内容,这在很大程度上要归功于 VR 和 AR 技术的进步。

创作者不再局限于创作二维内容,而以创建用户与内容之间的交互模式作为内容创作的重要方向。元宇宙为创作者提供了大量高效的创作工具,例如,Meta 推出的一款 iOS 应用程序 Polar,在无须编写代码的情况下,协助内容创作者设计、生成 AR 效果和滤镜,最终创作出令用户身临其境的互动内容。

得益于人工智能的不断升级和发展,人工智能作画、人工智能音乐创作为元宇宙的内容创作提供了强大支持。Meta 发布的元宇宙平台 Presence Platform 就以人工智能为核心技术支撑。借助 Presence Platform,用户可以创作各种各样的创意内容。例如,用户可以按照自己的想法在平台上建造一个房间,并设计出自己喜欢的壁纸和海报来装饰墙面。

元宇宙内容生态的创作主体由平台转变为用户,用户在元宇宙中充分发挥想象力和创造力,亲身体验并不断丰富元宇宙内容生态。

8.3.2 虚拟数字人生态：AI 加持，更加智能

虚拟数字人是具有数字化外形的虚拟人物。与具备实体表现形式的机器人不同，虚拟数字人依赖显示设备而存在，如手机、电脑、智慧大屏等设备。虚拟数字人具备 3 个特征：拥有人的形象、性格和行为特征；拥有语言、表情和肢体表达能力；拥有人的思想，具备识别外部环境、与他人交流互动的能力。

以中科相生为例，中科相生结合 3D 建模、语音交互、表情和动作驱动等技术研发的 AI 虚拟数字人，支持定制 2D 或 3D 虚拟形象和真人形象，同时支持多种表情、动作的智能化处理，可实时处理人物细节。中科相生借助人工智能语音合成技术，为虚拟数字人设计自然流畅的声音，定制个性化的专属语音库。中科相生借助机器学习技术提升虚拟数字人智能语音交互能力，使虚拟数字人具备支持多轮对话的能力，并以丰富的表现形式为用户塑造耳目一新的高科技感互动体验。

人工智能为虚拟数字人赋予思想、注入情感。虚拟数字人在生产和生活中得到了广泛、实际的应用，服务于教育教学、数字营销、通信、会议、影视动漫、文化旅游等领域，并逐步打破虚实世界的边界。技术的进步将使虚拟数字人在不借助人力的情况下完成更加复杂的任务。与之相对应，虚拟数字人的应用场景和服务模式将会持续升级。

人工智能与虚拟数字人的结合必将成为 Web 3.0 生态发展的重要趋势之一。随着卷积神经网络和深度学习的发展，基于人工智能的计算机视觉正在飞速发展。未来，我们将迎来人机交互、共存的时代，虚拟数字人将更加真实、智能，虚拟数字人的发展生态将更为完善。

下篇

Web 3.0 场景生态梳理

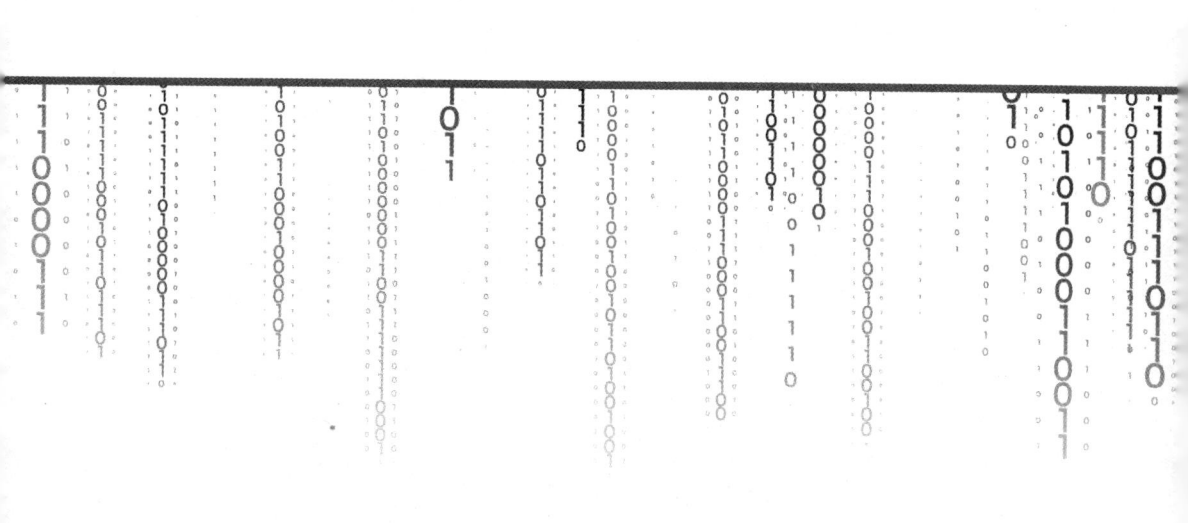

第 9 章

Web 3.0+消费：加速消费场景变革

当下，年轻用户已经成为消费市场的主力和时尚风向标。他们的消费观念开放，舍得为喜爱的事物买单，追求体验感与沉浸感，有着明确的价值观。传统的消费场景已经无法满足他们的需求，消费场景需要进行变革。Web 3.0 与消费相结合，有助于重塑消费场景，刷新购物体验，深化品牌和消费者的关系。面对即将到来的 Web 3.0 时代，品牌需要预测用户需求的变化趋势，并创造性地利用新技术为用户创造深层次的价值感和满足感。

CHAPTER 9

9.1 Web 3.0 在消费领域的四大应用方向

Web 3.0 在消费领域的应用集中于打造全新消费场景、构建虚拟社区、推出数字商品和上线虚拟化身 4 个方向，为品牌提供更多的创新机会，推动企业数字化转型，进一步释放发展新动能。

9.1.1 打造全新消费场景：星巴克升级会员奖励体系

Web 3.0 作为互联网迭代的下一阶段，有望彻底改变品牌的传统运作方式，赋予品牌充分的想象空间和技术手段，打造全新的消费场景。2022 年 9 月，全球领先的咖啡品牌星巴克宣布推出 Web 3.0 平台 Starbucks Odyssey（星巴克奥德赛），将星巴克的用户忠诚度计划与咖啡主题的 NFT 相结合，完成了对会员奖励体系的升级。

星巴克作为一个知名的咖啡连锁品牌，一直不断探索具有新鲜感、适应时代变化的经营模式，带给顾客与众不同的体验。此次进入 Web 3.0 领域，星巴克同样依托自己的先天优势，进行创新式发展，丰富了顾客的体验。Starbucks Odyssey 具有以下特点，如图 9-1 所示。

1. 打造 NFT 数字藏品

在 Starbucks Odyssey 上，星巴克建立了一个庞大的咖啡世界，用户会经历一段一段的"旅程"。每段旅程都是一个任务，可能是观看星巴克的历史介绍、去星巴克门店打卡或完成个性化的题目。用户完成任务，就会获得"旅程印章"NFT 数字藏品作为奖励。

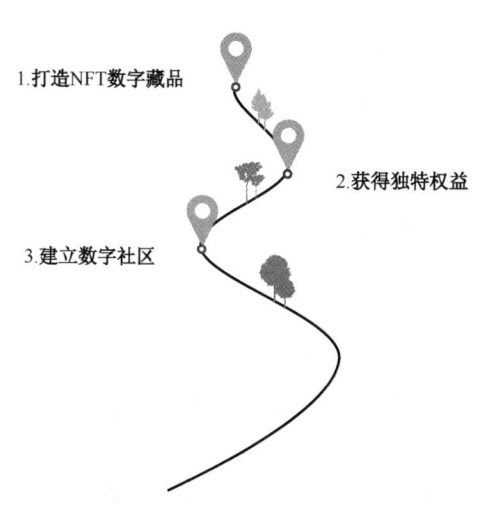

图 9-1 Starbucks Odyssey 的 3 个特点

想要获得"限量版邮票"NFT，用户可以在星巴克星享 Starbucks Odyssey 平台的内置市场中购买。用户购买时无须使用 Web 3.0 常用的加密钱包，用自己的信用卡就可以完成支付。这种支付方式降低了用户的购买门槛，更容易吸引用户参与活动。

2. 获得独特权益

星巴克发行的 NFT 具有独特性，兼顾了用户收藏与交易的需要。用户可以在区块链上确定其所有权，也可以在平台范围内进行交易。用户获得的 NFT 越多，所获得的积分就越多，并会解锁许多独特的活动，包括获得星巴克的限定商品、与艺术家合作、参加星巴克烘焙工厂举办的活动、体验咖啡制作虚拟课程等。

3. 建立数字社区

自创立以来，星巴克一直致力于打造一个独立于人们的住宅与工作场所之外的"第三空间"，而此次打造 Web 3.0 数字社区，自然也秉承了同样的理念，是"第三空间"的进一步延伸。星巴克数字社区力求更好、更多元化地服务用户，进一步加深用户与品牌的联系，通过咖啡将用户聚集在一起，享受沉浸式的线上社交生活。

Starbucks Odyssey 是星巴克拥抱 Web 3.0 时代的一次尝试，有益于吸引更多

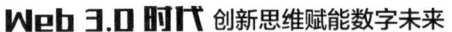

同样具有勇于尝试特质的年轻用户。星巴克已然迈出了探索 Web 3.0 的第一步，但要实现成为 Web 3.0 时代领军品牌的目标，仍有很长的路要走。

9.1.2 构建虚拟社区：Gucci 推出 Gucci Vault 社区

构建虚拟社区，从而更好地连接用户、增强用户的归属感，是许多品牌变革消费场景的不二选择。Gucci 作为老牌奢侈品品牌的代表，在社交软件平台 Discord 上推出了 Gucci Vault 社区，希望更好地与新时代消费者及 NFT 爱好者互动，探索 Web 3.0 时代的品牌焕新之路。Discord 具有社区服务完整、准入门槛较低、方便品牌方与用户使用的优势。

Gucci Vault 社区有以下两大功能。

（1）作为信息分享与沟通渠道。Gucci 每天都会在社区内分享品牌的独家信息，包括新闻简报、明星穿搭资讯等。用户可以围绕品牌话题进行分享和讨论，增强了黏性。在社区内，Gucci 不断向会员收集产品相关的反馈与意见，不断提高产品与用户的相关性，提升服务能力，更好地满足用户需求。

（2）发布 NFT 项目。Gucci 与 Superplastic 合作，推出 SuperGucci NFT 系列。该系列总共有 250 款 NFT，分 3 次发布。2022 年 2 月 1 日，Gucci 在 Gucci Vault 社区首发 10 款独家 NFT，引起用户热议。

据 Gucci 的首席执行官介绍，Gucci 推出 Gucci Vault 社区，旨在与消费者建立真正的对话。Gucci 相信，参与社区活动与 NFT 项目的用户是社区的核心成员。Gucci 为他们配备了运营专员。为了拉近与这些核心成员的距离，Gucci 在招聘运营专员时，规定应聘人员应在简历中说明他们喜欢 NFT 的原因。

当下，品牌和商品传播的成本飙升，而同时，消费转化率持续走低。品牌自行构建虚拟社区有助于以创新形式吸引用户，并有望降低获客成本。Gucci Vault 社区还处在发展阶段，但其立志于继续稳扎稳打，在广阔的数字空间里尝试各种创新玩法。

9.1.3 推出数字商品

数字技术的发展赋能品牌升级营销方式。近年来，NFT 受到年轻用户的追捧。鉴于此，不少品牌推出了自己的 NFT 数字商品，试图拓宽获客渠道。

2022 年 2 月 28 日，江小白和天猫开展了一场数字商品销售活动。江小白在自己原有 IP 的基础上推出了两款数字商品："蓝彪彪"和"红蹦蹦"，如图 9-2 所示。

图 9-2 "蓝彪彪"和"红蹦蹦"

这两款数字商品分别附赠 40 度和 52 度江小白特别版白酒，每款限量 1000 份。江小白根据自身定位，将"蓝彪彪"和"红蹦蹦"分别设定为"回蓝战士"与"热血战士"，形象设计科技感十足，吸引了众多消费者。上线仅 3 分钟，这两款数字商品便销售一空，人气爆棚。

这场 NFT 数字商品销售活动，创下了江小白销售转化率的历史新高，单日销售额和单日访问量均远超日常数据。NFT 数字商品具有的唯一性，满足了当下年轻人追求独一无二的心理。江小白采用实体产品与 NFT 数字商品打包销售的营销方式，正是抓住了年轻用户的好奇心理，激发了他们的购买欲望。

安慕希在 2021 年推出了全球首款"数字酸奶"，率先解锁了发布品牌专属数字商品的品牌营销新玩法。

首先，安慕希看准了虚拟数字人这一新风口，与天猫超级品牌日的数字主理人 AYAYI 进行了一场跨次元合作，推出了一款根据用户大数据反馈定制而成的"数字酸奶"，宣称这款酸奶更懂用户所需。产品一经推出，便在各大网络平台引起热议，很多年轻消费者表示这款产品看起来很神秘，激发了他们对安慕希品牌的兴趣。

其次，安慕希推出了"反诈数字酸奶"新品，并进行了一场别开生面的反诈宣传。安慕希先是推出了《调虎离山》《雁过拔毛》和《猴子捞月》3 个反诈宣传动画小短片，继而上市了限量 2 万份的"数字酸奶"，消费者可以在安慕希公众号领取。作为市场上首款反诈骗主题酸奶，每一款"数字酸奶"的瓶身都印有对应的反诈标语，以及对应的编号。编号是"数字酸奶"上链的证明，有效保证了"数字酸奶"的真实性与唯一性。

安慕希不仅抓住了时事热点（反诈），还重点关注了年轻消费者所担心的虚拟世界中的隐私和财产安全问题，不仅迅速引发了年轻消费者的热议，还树立了具有高度社会责任感的品牌形象，可谓一举多得。

奥利奥曾与咖菲科技合作，共同推出名为 NFO（NFT OREO）的奥利奥饼干 NFT，总共发行 5000 份。消费者可以通过抽奖获得该 NFT，每位消费者仅能获得一份。

2021 年 10 月 15 日，奥利奥在杭州的凤起路地铁站开办了一场名为"笑奥天下"的艺术展。一幅幅可以"吃"的 3D 水墨画于地铁长廊中铺开，不仅存在于现实世界中，还存在于数字世界中。奥利奥借助 NFT 将 3D 水墨画上链，在区块链上进行了记录。

数字水墨画被分解成 5000 块奥利奥数字饼干，消费者可以在限定的时间内认领。现实中的奥利奥饼干会过期，但区块链上的奥利奥饼干永远不会过期，永远有价值。

推出数字商品是品牌营销的一种新尝试。在 Web 3.0 时代，品牌应不断挖掘自身价值，推动自身与数字科技的结合，不断推陈出新，赢得年轻用户的青睐。

9.1.4　上线虚拟化身

一天之中，人们在社交媒体、游戏和虚拟世界中花费很多时间。数字化生活已经成为人们日常生活中重要的一部分，而且人们投入的时间还有进一步增加的趋势。与之相对应，人们在虚拟世界中的消费意愿也越来越高。

Zepeto 是韩国公司 SNOW 推出的虚拟化身打造平台，用户可以根据自己的爱好定制虚拟化身，并拍照分享。Zepeto 一经推出就十分受欢迎，拥有超过 4 亿名用户，其中大多是年轻女性。这一用户群与众多时尚品牌的目标用户群高度重合，Zepeto 因此吸引了许多知名品牌与 IP 入驻。

Zepeto 最重要的一个功能便是换装，它推出了丰富的虚拟服装供用户选择。例如，Zepeto 推出"夏日蝴蝶谷"，用户可以为虚拟化身搭配不同的妆容，还可以手捧多种鲜花，或者与蝴蝶共舞，在照片亭拍照打卡。

除了角色换装，Zepeto 还与时尚大牌合作打造联名款数字商品。例如，Zepeto 与 KIRSH 联合推出樱桃系列服装，包括冲浪服、箱包等，让用户体会在海上冲浪的感觉。Zepeto 还与 Gucci 合作打造 Gucci 庄园，使用户近距离感受 Gucci 的品牌文化。除了 Zepeto 提供的穿搭，用户也可以自己设计时尚单品、创作精美的虚拟时尚服饰，并进行售卖。

虚拟化身是用户在数字世界中的自我表达，用户愿意付出更多的金钱和时间去装扮它，这引得时尚品牌纷至沓来。例如，阿姆斯特丹的数字时装公司 The Fabricant 推出了世界上第一款数字时装——Iridescence 彩虹裙，Louis Vuitton 与热门游戏《英雄联盟》联手为玩家打造冠军皮肤，Gucci 推出 AR 虚拟鞋等。

未来，虚拟化身将成为用户新的消费方向，会吸引更多品牌涉足虚拟化身领域，推出更多用户喜爱的虚拟产品。

CHAPTER 9

9.2 企业实战：Web 3.0 新消费成为消费探索新方向

许多企业已率先发力，全面融合数字技术，积极抢占 Web 3.0 消费新风口的红利，推动消费场景变革。

9.2.1 京东：聚焦商品防伪和物流追溯

Web 3.0 正处于风口阶段，许多企业积极布局。例如，京东聚焦商品防伪和物流追溯，抢先入局 Web 3.0 领域。

京东的 Web 3.0 电商布局以"智臻链"为中心，在主要业务场景中运用区块链技术。京东认为，针对电商市场假冒商品肆虐的问题，区块链的去中心化机制能够实现商品数据的开放透明、可追溯和不可篡改，助力商品验证，再辅以防伪和产品溯源技术，能有效挤压假冒商品的生存空间。

京东表示，Web 3.0 电商的核心价值在于能够有效打击假冒商品和保护知识产权。电商行业与 Web 3.0 相结合，可以促进整个交易市场的公开透明与正规化。消费者在购物时无须再提心吊胆地结合店铺信誉、好差评等指标来判断商品的质量，因为信任问题已经借助区块链技术得到了解决。

在商品防伪及溯源问题上，京东建立了数字仓库，对仓库物资进行锁定，并以数字化的方式存储在区块链上，做到实时监控商品情况。商品的追溯范围从最初的消费品扩大到医药产品，以支持京东健康服务业务的开展。

此外，京东还进入金融领域，将金融创新与供应链相结合，实现"白条"和"金条"两款产品的升级。

目前，京东的 Web 3.0 电商布局仍处在起步阶段。小中窥大，可以预见，京东在未来会采取其他创新性举措，革新现有的商业模式。

9.2.2 蜂鸟惠购 Easy Go：构建去中心化消费生态系统

消费领域存在的诸多问题，如服务能力不足、基础设施不够完善等，有望随着新消费业态、新消费模式的出现而得到有效解决。蜂鸟惠购积极探索全新的消费模式，推出了首个 Web 3.0 去中心化消费生态系统"蜂鸟惠购 Easy Go"。

蜂鸟惠购 Easy Go 基于"Web 3.0+DAO"进行消费模式创新，将区块链作为核心技术，利用 Web 3.0 的创新技术加以布局，并且把抖音、美团等合作平台纳入自己的供应链中，为用户构建线上线下一体化的新消费场景。其特色主要体现在以下 3 个方面。

（1）从用户出发的核心运营体系。蜂鸟惠购 Easy Go 坚持以用户为根本，将用户权益交还给用户，在平台建设过程中构建了"四全运营体系"，即全链条覆盖、全场景渗透、全方位互动和全品类共享，与用户共同打造共创、共享、共赢的良性发展生态圈。

蜂鸟惠购 Easy Go 战略变革的核心是将用户在购物过程中产生的价值交还给用户，让用户变成企业的合伙人，参与企业的经营发展，并获得企业成长带来的收益。蜂鸟惠购 Easy Go 每天都会呈现全平台的消费数据与用户贡献的价值的数据。这两个数据相互映射，体现出消费即权益、权益即价值，从而实现传统经济与数字经济的深度融合，促进数字经济的发展。

作为一个能够引领 Web 3.0 新电商、新经济、新消费的综合性购物平台，蜂鸟惠购 Easy Go 正在加速电商领域与数字经济的融合，扩大电商的发展空间。

（2）利用数字化手段服务用户。蜂鸟惠购 Easy Go 借助全新科技、利用数字化手段全面服务用户。例如，在支持 7 天无理由退货的同时，设置 24 小时专属客服，满足用户全天候咨询的需要；利用数据构建会员体系，并整合资源进行个性化推送，向用户推荐符合其喜好的平价好物。

用户在蜂鸟惠购 Easy Go 平台上能够转变为消费商。用户将商品分享给他人，他人拍下用户分享的商品后，用户便能获得佣金奖励。平台客服能够为购买商品的用户提供售前、售中和售后的全价值链服务，用户无须进货、囤货，只需要发送佣金链接便能赚取奖励。

（3）利用贡献值回馈用户。贡献值是用户在平台上所产生的数据。用户在蜂鸟惠购 Easy Go 购买商品，即能获得与消费金额 1∶1 的贡献值，贡献值可以用来兑换商品。

蜂鸟惠购 Easy Go 在新消费的背景下诞生，借助 Web 3.0 技术，利用新模式促进用户消费，并将商业成长的价值反馈给用户，是真正意义上的互利共赢经济体系。

9.2.3 阿里巴巴：以 Web 3.0 技术全面服务用户端

阿里巴巴毫无疑问是 Web 2.0 时代的电商巨头之一。它正紧锣密鼓地布局 Web 3.0，运用 Web 3.0 的全新技术全面服务用户端，促进年轻用户的增长，拉动平台销量增长。

阿里巴巴拥有超过 13 亿的活跃用户，消费链路十分清晰，拥有成熟的支付、商业化平台和渠道。阿里巴巴布局 Web 3.0 的思路是改变供给模式，建设和提升在 Web 3.0 时代需要具备的能力，并优先发展平台为用户提供商品、物流等基础商务能力，以及基础技术能力、维护商家与用户体验的能力。

在技术基础端，阿里巴巴在电商业务中融入了 Web 3.0 的安全防护能力和去中心化资产分配能力，将阿里云、电商云与 Web 3.0 相结合，在业务端进行投放，从而全面升级平台上较为通用的各种能力。

在用户端，阿里巴巴致力于完善买卖双方的互动机制。例如，用户在购买商品后，可以通过创作内容获得奖励，并通过积累奖励来提升自己的信用等级。用户的信用等级越高，所获得的权益就越多。

在商品展示端，商家以往多用图文、视频等方式展示商品。如今，AR、VR技术大行其道，虚拟直播、虚拟数字人获得了发展，NFT的出现极大地丰富了营销方式。阿里巴巴不断推出NFT与虚拟数字人，以吸引用户并提升他们购买产品的欲望。目前，虚拟数字人在阿里巴巴的应用场景已经相当丰富。

AYAYI是一名虚拟数字人，第一次在小红书上亮相便受到了用户的欢迎，一夜之间涨粉接近4万，首篇帖子的阅读量达到300万。阿里巴巴看中了AYAYI的商业潜力，邀请AYAYI作为天猫超级品牌日的数字主理人，共同推进天猫超级品牌的元宇宙计划，拉动电商消费。

2022年2月的天猫超级品牌日，AYAYI与MAC共同设计了一款元宇宙光幻妆，展示了虚拟世界与现实世界的碰撞，如图9-3所示。MAC还携手超级品牌日在上海线下开启了"未来空间站"，设置了4个区域，分别是"C3元气中心""轻妆妆备站""元气光幻世界"和"光幻未来空间"，进行产品展示、线下产品体验、拍照互动等活动，展现元宇宙美妆的独特吸引力。在现场，许多KOL（Key Opinion Leader，关键意见领袖）模仿AYAYI的元宇宙光幻妆，引爆视觉享受，引得众人驻足观看。

图9-3　AYAYI与MAC的合作海报

MAC 与虚拟数字人 AYAYI 的合作，向年轻用户展现了其对于未来潮流动向的精准捕捉，获得了年轻用户的好感。

阿里巴巴将牢牢把握流量优势，围绕让交易链路多样化这一核心，结合 Web 3.0 技术，全面赋能用户端，为用户提供更优质的服务。

第10章

Web 3.0+金融：DeFi成为新一代金融系统

> 传统的中心化金融具有工作效率低下、用户享受金融服务需要信任金融机构、容易产生金融风险等弊端，在Web 3.0浪潮的助推下，金融领域开启了新的变革。其中，DeFi应运而生，成为新一代金融系统，为金融领域拓展了更广泛的应用场景。DeFi正日趋成熟，万物开始金融化。

CHAPTER 10

10.1 Web 3.0 推动金融变革，DeFi 成为趋势

Web 3.0 技术的发展不断推动金融领域变革，在中心化交易向去中心化交易演变的过程中，DeFi 诞生了。DeFi 带来技术创新、产品创新和模式创新，其与元宇宙的结合，催生了 MetaFi，金融领域的发展呈现新景象。

10.1.1 从中心化到去中心化，DeFi 诞生

随着中心化交易的一些弊端凸显，如交易过程不透明，越来越多的专业人士和金融用户开始关注去中心化交易，DeFi 应运而生。作为 Web 3.0 和金融结合的产物，DeFi 的出现加速了中心化交易向去中心化交易的转变。

中心化交易是 Web 2.0 时代的产物，具备交易速度快的优点。即使大量交易同时进行，中心化交易模式也能给用户提供良好的体验。在用户量庞大的情况下，中心化交易具有足够的流动性。同时，中心化交易采用 IOU（I Owe You，负债记账法）记账，技术成本相对较低。

然而，随着时代的发展，中心化交易的弊端逐渐暴露出来。

首先，中心化交易面临着资产被盗用、内部运营混乱和商业道德约束性低等风险，严重影响用户的资产安全。例如，曾经发生的金融丑闻包括比特币亚洲闪电交易中心卷款跑路事件、莱特中国卷款跑路事件等。

其次，中心化交易模式中资产的集中式托管需要极高的网站技术能力和应对突发性事件的能力，否则很容易遭遇黑客攻击，造成巨大的资产损失。例如，意大利交易所 BitGrail 遭黑客攻击，1700 万 NANO 加密货币被盗，损失约 1.7 亿美

元；加密货币交易所 Coincheck 遭黑客攻击，资产损失约 5.3 亿美元。

为应对中心化交易中存在的诸多风险和问题，以 DeFi 为核心的去中心化交易模式逐渐走上舞台。在去中心化的交易流程中，用户在开户时通过注册获取密钥，并掌握私钥，对其资产享有绝对控制权。需要充值时，用户可以通过钱包地址直接充值到去中心化交易地址。发起交易时，智能合约能直接执行去中心化交易流程，用户始终持有资产的所有权和掌控权。在提现时，用户可以将资产直接从去中心化交易所转账至自己的钱包地址。

去中心化交易模式简单，主要负责撮合交易，而不托管用户资产，杜绝了交易资产在交易所被盗的风险。去中心化交易与中心化交易最大的不同在于，交易的全流程均通过智能合约进行，资产托管和清算均在区块链上进行。

智能合约的去中心化交易机制避免了中心化交易因人为因素而引发的交易风险。用户可以在无须交易所审批的情况下自由转移资产，且无须担心受到黑客的攻击，这为用户的资产安全提供了足够的保障。

当然，去中心化交易也存在需要改进的地方，例如，交易记录都在区块链上，区块链的确认速度相对较慢，在一定程度上降低了交易效率。

随着 Web 3.0 基础设施的逐步完善和去中心化金融 DeFi 的持续发展，我们有理由相信，在不久的将来，去中心化交易的效率能够得到大幅提升，结合其自身具有的优势，去中心化交易将成为 Web 3.0 时代的主流金融交易模式。

10.1.2 DeFi 的三大创新：技术创新+产品创新+模式创新

DeFi 凭借其独特的创新点被誉为"新金融革命运动"。相较于传统金融体系，DeFi 在技术、产品和模式等方面都有不同程度的创新，如图 10-1 所示。

1. 技术创新

DeFi 金融系统建立在区块链之上，去中心化是 DeFi 的主要特征。DeFi 金融系统中的交易和结算行为均无须依托专业的中介机构，在使用 DeFi 金融系统时，

用户对金融体系的信任直接建立在代码构建的区块链之上。用户只需要查看 DeFi 协议的代码，就能直接确认协议规则和交易过程。DeFi 为用户提供了更加公开透明的交易流程，降低了用户的信任成本。

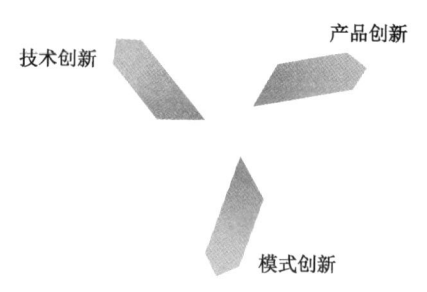

图 10-1　DeFi 的三大创新

此外，由于 DeFi 协议之间是可操作、可组合的，因此开发人员可以快速整合出符合用户需求的金融产品，加快了金融应用的迭代速度。同时，用户能够通过不同的金融协议享受更多的优质金融服务，赚取更多的收益。

2．产品创新

DeFi 金融系统中既有从 CeFi（Centralized Finance，中心化金融）中迁移过来的产品，也有研发出来的新产品，如智能合约保险。智能合约保险的安全性可以帮助金融市场参与者避免遭受黑客攻击而造成损失。此种保险在损失裁定和资金理赔阶段能够依据智能合约执行。保险的凭证（即保单）是 Token 化的，可以被转让，从而能够形成保险产品的二级市场。如此一来，保险行业的市场规模会进一步扩大，资金的流动性也会增强。保险行业二级市场能够精准地给风险定价，保险行业能够平稳发展。

3．模式创新

在 CeFi 中，资产、协议、市场之间是相互隔离和相互独立的。而 DeFi 在技术和产品的基础上，构建了资产、协议、市场相结合的生态模式，推动了资产管理模式的变革。

DeFi 金融生态中的投资者拥有自己的金融资产，无须依托金融中介便可安全地进行交易。以"闪电套利"这种新型的金融业务为例，在传统金融行业中，套利是一项门槛较高的业务，因为各个交易主体是相互割裂的，交易过程中充满着不确定性，需要运用人工智能、大数据等技术，方能实现盈利。如果交易产生了亏损，交易回滚的可能性很低。

而闪电套利充分发挥了智能合约的作用，在发现市场利差之后，能够通过智能合约在多个市场之间实现跨越式的套利操作。在套利的过程中，交易主体可以根据套利收益评估来决定是否回滚智能合约。由此，闪电套利最大化地降低了交易主体本金损失的风险。

DeFi不断地变革传统金融模式的固有玩法，带给金融行业空前的发展机遇。随着DeFi更为成熟，更多的新金融模式将会出现。

10.1.3 DeFi融合元宇宙，MetaFi崛起

MetaFi即元宇宙金融，是元宇宙的一种去中心化金融工具，创新地组合了金融硬件和软件，平行于法定金融体系运行。

作为DeFi应用生态中的代表性应用之一，MetaFi能够为元宇宙中的各个垂直领域提供基本的产权和价值转移。MetaFi的用户操作更加便捷，使得Web 3.0生态的金融功能更加丰富。

MetaFi使同质化代币和非同质化代币在金融产品、服务和协议等范畴得以应用，将DeFi原则融入了元宇宙的广阔空间。例如，MetaFi允许用户将NFT碎片作为DeFi借贷平台的抵押品。

MetaFi将同质化代币和非同质化代币混合，结合去中心化自治组织的社区治理模式，强化元宇宙的去中心化特性。不同加密货币的组合赋能一个较为成熟的平行经济体系在DeFi中加速落地，为加密货币生态系统积累了几亿到几十亿用户。

投机是加密货币的重要特征之一。MetaFi通过数字资产来捕捉一切物品的价值及其动向。它对物品价格的识别能力可以解锁物品在互联网金融领域尚未实现

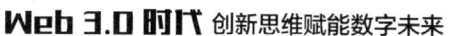

的潜在价值，并挖掘开放市场的长尾价值。

MetaFi 继承了 DeFi 的两个主要特性，即可组合性和不可阻挡性。它支持不同 DeFi 模式的组合和创建全新的 DeFi 模式。例如，MetaFi 支持用户在元宇宙中通过创建游戏打造自己的经济体，或者开发非同质化资产，如装备、头像等；MetaFi 通过加入 VR 元素来改善用户界面和操作流程，给用户提供更好的体验；MetaFi 还能助力改进 DAO 服务栈、金融工具开发、金融游戏化等方面的功能和玩法。

就目前的形势来看，DeFi 2.0 的创新焦点是 MetaFi。专业人士已经意识到，需要更好的解决方案来解决 NFT 碎片化问题、相关的法律和治理问题，以及 DeFi NFT 化问题。

MetaFi 会继续强化其基础技术，以降低交易费用，扩大用户群体，也会致力于让区块链协议应用程序的访问和操作在用户端变得更加便捷与高效。

10.2 DeFi 主要应用场景

在交易、借贷、支付等方面，Web 3.0 给 DeFi 提供了广泛的应用场景。在这些应用场景中，DeFi 释放了独特的价值，也在实践中获得了深入的发展。

10.2.1 去中心化交易：实现数字资产的自动兑换

去中心化交易（Decentralized Exchange，DEX）采取的是点对点的交易模式，集成了支付系统、券商、银行等传统资产交易中介的功能，并利用区块链智能合约来维护交易流程和结果。用户在 DEX 平台上无须通过中间方即可直接完成交易。

相较于传统的金融交易平台，DEX 平台的交易流程更加公开透明。同时，由于在交易中用户资金无须经过第三方的钱包，因此能够降低交易风险。

较为常见的一种 DEX 是 AMM（Automated Market Maker，自动做市商）。AMM 能够消除流动性门槛，使资金实时流动。一般情况下，用户无须许可便可以使用通证开拓交易市场。AMM 主要借助 Money Bot（货币机器人）在不同类型资产之间完成报价，而无须采用订单簿模式，只需要通过流动性池来完成资产报价。流动性池能够帮助用户自动兑换通证，基于通证在池中的比例来决定交易的价格。

AMM 为用户提供及时、精准的报价，也为流动性较低的市场提供即时流动性。在传统的订单簿中，有意愿的买方需要等待订单与卖方精准匹配后才能够进行交易。即使买方订单位于订单簿的前列，接近订单成交价格，订单仍有不被执行的风险。

AMM 由智能合约决定汇率。用户可以掌握交易中资金的流动性，通过流动性池赚取交易费。由于 AMM 能够使交易具有即时流动性，因此新通证很容易实现爆发式增长。基于此，AMM 还催生出以稳定币兑换为代表的各种创新应用场景。AMM 不仅可以交易加密电子货币，还可以交易现实世界资产的通证、NFT 及碳信用等资产。

由于 DEX 采用智能合约开展交易，因此其可以按照用户定义的方式严格执行交易。DEX 增强了底层交易机制的公开性和透明性，进而保障交易的顺畅执行。

DEX 还有助于提升金融交易的普惠性。虽然部分 DEX 平台可能会由于地理位置或其他因素而限制用户的登录和访问，但总体来说，用户只需要通过互联网与 DEX 兼容的钱包建立连接，便可以轻松访问 DEX 平台。用户可以直接通过自己的钱包地址登录 DEX 平台，新用户也可以轻松地访问平台，获得优质的交易体验。

10.2.2 去中心化借贷：通过智能合约质押数字资产

DeFi 的一个主要应用场景是去中心化借贷。它通过去中心化借贷协议管理借贷双方，在借方成功质押数字资产后进行资产划转，完成借贷服务。

相较于传统的借贷服务，DeFi 去中心化借贷不需要银行账户，也无须对借贷者进行信誉核查，从而简化了用户贷款的审批流程，节省了用户申请贷款所花费的时间。DeFi 去中心化借贷业务的核心是抵押物。用户可以在平台上抵押数字资产来获得贷款，还可以通过将其资产注入借贷池来获取收益。去中心化借贷主要有 4 个特点：一是法币贷款与数字资产贷款相结合；二是基于数字资产的抵押；三是交易结算自动化，降低了交易成本；四是超额抵押代替信用审查。

DeFi 将高风险、高收益的信用借贷归类至投融资业务。DeFi 的出借根据货币供应量设定利率，出借人通过出借资产获得本金和利息。在借款流程中，借款人在申请贷款后，平台会评估借款人抵押资产的价值，借款人可以在不放弃资产所有权的情况下抵押资产。平台发放贷款即代表借款人抵押成功。

例如，ProTradex 是一个去中心化的 NFT 流动性借贷协议，为 NFT 持有者提供便捷的借贷服务，保障资金安全。ProTradex 平台通过智能合约实现 NFT 的质押和赎回，能够拓展 NFT 的应用深度，增强 NFT 的流动性。ProTradex 能够锁定用户的 NFT 资产，使用户能够在 ProTradex 平台上获得 USDT（泰达币）贷款。用户在借贷时提供具备一定价值的抵押物，以保障贷款的安全性，在偿还贷款时需要支付相应的利息。

ProTradex 的流动性管理机制是其能够持续发展的关键，它使用"利用率"公式来衡量资产的流动性。"利用率"是指所借出资产占总储备资产的比例。ProTradex 可以通过调整利率，鼓励流动性资金供应者在资金缺乏流动性时为借款协议提供资金支持，也可以在流动资金充裕时鼓励借款人办理贷款。此外，ProTradex 还为不同类型的借款建立了不同的利率模型，以增强资金的流动性，获得最大化利润。

ProTradex 有着完善的风险管理机制。管理团队会实时对风险进行监控和评估，通过智能合约和市场风险评估对 NFT 资产进行筛选，并在贷款协议中约定降低风险的措施以管控风险。贷款协议还通过控制资产的数量来限制贷款中潜在的风险。

ProTradex 是 DeFi 在借贷业务领域的典型应用，不仅为去中心化借贷平台开辟了广阔的发展空间，还为金融借贷业务在 Web 3.0 生态中的稳定发展奠定了基础。

10.2.3　去中心化支付：提供多样的支付功能

以加密货币、法币为核心的 DApp，打通了法币出入的通道，从而为用户提供友好、便捷的 DeFi 服务。DApp 的普及加快了普惠金融的发展步伐。

以加密货币、法币钱包和支付网关 PlasmaPay 为例。基于区块链技术，PlasmaPay 依托专属的金融协议为金融用户提供便捷、惠民的金融服务，并创建

了完善的数字资产钱包和支付网关。

作为全球化的金融平台支付网关，PlasmaPay 允许用户存储、购买、出售和支付加密货币。与中心化支付系统不同，PlasmaPay 可以让用户自由地掌控其数字资产，并使用数字资产进行支付。截至目前，PlasmaPay 已经在全球上百个国家和地区开展业务，并与众多电子货币机构和知名银行合作，为用户提供法币网关服务和多币种钱包服务。

PlasmaPay 允许用户通过信用卡、储蓄卡和银行汇款等方式购买加密货币，并将信用卡、加密货币用于电子商务支付，以较好的市场价格完成加密货币之间的交易。同时，PlasmaPay 还支持 PPAY（PlasmaPay 币）、BTC（比特币）及上千种 ERC-20 代币的安全无托管的加密货币钱包服务。PlasmaPay 将上线 Visa 预付费卡，为用户提供 DeFi 代币和加密货币支付服务，支持用户在自助取款机上取款。

此外，PlasmaPay 还扮演着去中心化银行的重要角色，为企业提供多币种（加密货币和法币）账户，基于支付网关 API（Application Programming Interface，应用程序编程接口）开发支付插件和发票生成器，以及收付款服务。PlasmaPay 摒弃了相对复杂的应用设置，便于用户更好地进行金融决策和获得更好的操作体验。

PlasmaPay 的操作界面涵盖了用户管理其金融业务所需的所有功能，包括存款、贷款、资产组合管理等。PlasmaPay 获得了 Compound、Uniswap、Curve 等 DeFi 协议的支持，包含以太坊、比特币、Cosmos、Polkadot、Plasma 等跨链协议。用户可以入金与提现，还可以创建流动池、贷款。用户可以在不受地域限制的情况下实时查看 DeFi 市场的收益率、DeFi 产品年化收益，以及从 DEX 流动性池中所获得的收益。

Plasma 区块链支持去中心化金融以最快速度和最高可扩展性在链上处理加密资产，包括股票、稳定币和商品的合成资产等。而 PlasmaPay 正是基于公开的 Plasma 区块链构建了去中心化银行解决方案。为了更好地主导和治理 Plasma 区块链，PlasmaPay 推出了 Plasma 与 ETH 间跨链流动的功能性代币 PPAY。除了可以在 PlasmaPay 上购买应用程序，以及在交易过程中进行支付，持有 PPAY 的用户还可以通过质押 PPAY 获取代币奖励，或者通过质押 PPAY 贷款。Plasma 通过用户激励机制推动货币循环，以提升币价。PPAY 的持有者除了能获得高额收益回报，还能够共享 Plasma 所创造的去中心化金融生态的未来。

  Plasma 先后与 Visa 等支付服务商达成合作，为电子商务建立并发布加密货币和法币账户。Plasma 已在多个加密货币交易所中开通了企业账户，还开通了用银行卡购买加密货币的服务。2022 年第四季度，Plasma 在 Plasma 区块链主网实现了 DApp 首次链上稳定币支付。目前，Plasma 所支持的稳定币有 40 余种。

CHAPTER 10

10.3 Web 3.0 进程加快，DeFi 日渐成熟

Web 3.0 进程不断加快为 DeFi 提供了肥沃的发展土壤，DeFi 日渐成熟，吸纳了越来越多的用户，同时开发了越来越多的资产类别。用户已经能够在去中心化平台上便捷地办理多种金融业务。

10.3.1 DeFi 成熟的标志：纳入更多用户，实现普惠金融

DeFi 成熟的标志之一是应用门槛逐渐降低，能够提供普惠金融服务。DeFi 充满旺盛生命力的原因是其普惠性的不断提升，能够让普通用户在 DeFi 平台上轻松地获得收益。

如果一个平台只服务少量的用户，那么这一平台就难以拥有广阔的未来。实践证明，DeFi 能够接纳越来越多的普通用户低门槛地办理金融业务，并从中获益。

以去中心化金融服务平台 TYCOIN 为例。TYCOIN 将分布式金融生态中各业务场景的具体需求系统化、框架化，并为分布式金融服务提供开发框架和通信标准。TYCOIN 促使加密货币在统一的框架内实现高效、安全的价值联动。

TYCOIN 属于开源去中心化自治组织。它发行了 TYC 治理型代币，允许代币持有者参与开源项目治理。TYCOIN 的治理系统由治理投票和执行投票组成，TYC 持有者能够管理 TYCOIN 协议及金融风险。TYCOIN 还构建了 DeFi 激励体系和 DAO 治理模式相结合的分布式服务架构，打造了一个具备高度延展性、能够普惠全球的金融生态可持续发展系统。

TYCOIN 具有三大使命：一是减少乃至消除信息不对称；二是保障普惠金融

服务的公平性；三是通过简单易用的应用程序来弘扬区块链哲学。TYCOIN 致力于打造一款口袋式轻资产数字银行，以较低的门槛提供给每一位用户，让更多的用户能够深入地参与 DAO 和 DeFi 的治理，以求为更多的用户提供一个通往 DeFi 世界的入口。

结合 DeFi 目前的发展趋势，TYCOIN 有望在去中心化金融赛道上超越其他的同类型平台，成为 Web 3.0 生态中的 DeFi 金融应用全平台。

10.3.2 DeFi 拓展资产类别，实现万物金融化

如今，DeFi 的应用优势不断凸显，应用领域不断扩大，资产类别不断拓展，无疑是金融服务行业变革的催化剂。DeFi 为金融应用生态中的参与者提供了很大的创新空间，有望赋能金融行业实现指数级增长。

DeFi 最终将实现万物金融化，在更加广泛的资产活动中实现普惠金融。从全球范围来看，目前 DeFi 的应用成熟度因地区不同而有着明显的差异。基础设施薄弱且监管较为宽松的地区对 DeFi 的包容度更高。同时，这些地区也有更大的动力来改善金融服务体系。DeFi 得以消除或减少传统金融基础设施中的结构性限制，从而更好地引入新的资产并拓展其应用价值。例如，菲律宾注册 MetaMask 数字钱包的人数不断增加，其银行账户的持有人数也大幅增长。

还有不少国家也看到了 DeFi 的发展潜力。例如，新加坡的官方金融管理机构与金融业合作，深入研究 DeFi 的应用和资产代币化，这对于 DeFi 下一阶段的成长意义非同小可。

与所有新技术一样，还处于起步阶段的 DeFi 也有着自身发展的痛点。例如，DeFi 尚未被更多的人所熟知、DeFi 的操作界面对一些用户不友好等。DeFi 下一阶段的创新发展应专注于提升用户体验，这是推动 DeFi 实现大规模应用的关键所在。

随着相关技术的成熟，DeFi 将更加快速、深入地融入传统金融体系，加速万物金融化，缔造更具包容性、更加多样化的金融世界。

第 11 章

Web 3.0+文体娱旅展：引领产业转型发展

随着消费者可支配收入的增多，以及消费者对生活质量尤其是精神生活质量要求的提高，我国的文体娱旅展产业迎来高速发展的黄金期。但同时，文体娱旅展产业也面临着服务同质化、内容和服务水平亟待改善、运营成本高、用户留存率低等问题。对此，业内人士积极探索全新的运营模式和技术手段，并结合 Web 3.0 进行了诸多尝试。Web 3.0 能够为文体娱旅展产业提供数字技术，为用户带来沉浸式体验，加速产业转型。

11.1 体验更加真实的 Web 3.0 游戏

Web 3.0 游戏融合了 VR、AR 等技术，使玩家能够获得更加真实的游戏体验，享受更多趣味。在游戏中，玩家可以拥有虚拟化身，沉浸在游戏场景之中，大幅提升游戏体验，游戏内容也更能满足玩家的个性化需求。

11.1.1 更新游戏体验：区块链让游戏更具趣味性

当前，区块链游戏已经进入了人们的视野，吸引了许多玩家与投资人的注意。

Alien Knight（外星骑士）就是一次全新的尝试。它融合了区块链游戏与 DAO 的组织形式，玩家可以通过投票来决定游戏的未来发展方向。在传统游戏中，玩家无权参与游戏开发和运营。Alien Knight 打破了游戏开发者和游戏玩家之间的隔阂，玩家不仅可以参与游戏开发和运营，还可以通过为游戏社区作贡献而获得奖励。

Alien Knight 中的每个角色、每件道具等都可在链上进行追溯，确保了玩家资产的安全。玩家通过游戏可以获得、收藏或交易 NFT，增添了额外的趣味和获得感。

在游戏中，玩家作为外星骑士，在宇宙中探索，并在探索过程中与其他玩家交互。游戏提供了丰富的剧情和任务，玩家不断完成任务来解锁剧情。玩家之间也可以组成联盟，共同探索未知宇宙。

Alien Knight 运用创新技术和新的运营模式，通过 DAO 与 NFT，营造了民主开放的游戏环境，玩家能够获得新的体验和满足感。

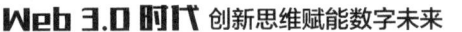

Treeverse 是一款备受玩家追捧的区块链游戏，是一款面向 NFT 收藏家的开放世界社交游戏。玩家在游戏中可以建造房屋，展示自己的 NFT 藏品，查看其他玩家的 NFT 藏品，与其他玩家社交，邀请他们到自己的家里做客，如图 11-1 所示。Treeverse 中内置了交易市场和一些促进玩家互动的小游戏。如果玩家拥有特定的 NFT，还可以加入公会。

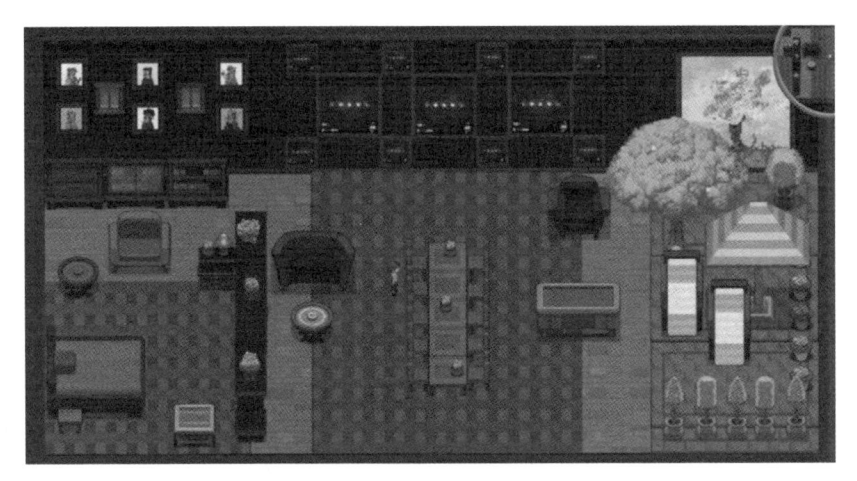

图 11-1　Treeverse 中的房屋

Treeverse 由 NFT 投资者 Loopify 和联合创始人 Aizea 创立，在 2021 年以 2500 万美元的估值完成了一次融资，由 IdeoCo Labs、SkyVision Capital 和 Stani Kulechov 等机构投资。

Treeverse 成功融资意味着大型多人在线角色扮演游戏是 Web 3.0 游戏的可行性发展方向之一，用户可以在虚拟世界中用 NFT 进行交互，搭建元宇宙经济体系。

Treeverse 还发布了第一个官方 NFT——包含 10420 块虚拟土地的收藏品，每块虚拟土地发售价格为 520 美元，推出仅 1 小时便被抢购一空。目前，这些名为"创始人私人地块"的虚拟土地收藏品的价格已经超过了 2000 万美元，平均每块虚拟土地的交易价格为 7000 美元。

区块链技术给游戏增添了许多有趣的元素，而且玩家可以拥有资产所有权，激发了玩家的游戏热情。

11.1.2 游戏内容制作：PGC+UGC+AIGC

游戏内容制作产业的发展经历了 PGC、UGC 和 AIGC 三个阶段。内容生产能力的不断提高，对游戏内容制作产业产生了巨大的影响。

1. PGC

PGC 一般是指由专业团队制作门槛较高、生产周期较长的内容，用于商业变现，如电视剧、电影、大型游戏等。为了保证生成内容的质量，PGC 往往需要在人力、技术等方面花费大量金钱，投入较高。例如，《星际公民》已筹集 5 亿美元用于研发公测版本。高企的投入导致 PGC 模式很难满足大规模内容生产的要求。

2. UGC

UGC 能够实现用户向内容生产者的转化。借助平台所提供的创作工具，用户可以自己制作内容，降低了内容生产的门槛，促进了内容生态的繁荣。

近几年爆火的 3D 沙盒游戏《迷你世界》有着广阔的市场。2021 年 7 月，《迷你世界》的创始公司"迷你创想"举办了"光"年度发布会。会上，CEO 周涛宣布：公司品牌由"迷你玩"升级为"迷你创想"，致力于打造游戏创意"摇篮"，并持续加码全平台的生态共创者。

《迷你世界》显而易见的变化就是从"平台给什么，玩家就玩什么"转变为"玩家喜欢什么就创造什么"。目前，已有 7000 多万名玩家加入《迷你世界》的创作者阵营。

《迷你世界》为创作者提供不同阶段的游戏开发工具。初级创作者可以借助触发器开发游戏程序，或者运用素材方块搭建游戏场景；专业开发者可以凭借底层 Lua 脚本编辑器创作更复杂的多元化场景。开放、便捷的场景开发工具降低了创作者开发游戏的门槛，拓展了平台内容的边界，从而形成了从游戏到创作、再从创作到游戏的良性循环。

为了吸引更多优质创作者，《迷你世界》推出针对优质创作者的扶持政策"星启计划"。平台不仅为创作者提供服务及技术支持,还为创作者提供亿级资金和亿级流量,并给予创作者线下基地免费入驻、85%的分成比例、薪资补贴等福利,帮助创作者尽可能地减少创作路上的阻碍,推动《迷你世界》内容生态的蓬勃发展。

在《迷你世界》中,从业余玩家转变为专业创作者的用户不在少数,其中有借助平台实现经济独立的大学生,也有兼职创作的创业者、上班族等,他们在《迷你世界》中用自己的创意建造未来,实现梦想。

UGC 能够提高产能,降低内容创作成本,满足用户的多元化需求。UGC 创作是相对自由的,生产出来的内容良莠不齐。总体来看,随着 UGC 内容数量的增多,内容质量呈现持续下滑的趋势。这一点,不容乐观。

3. AIGC

人脑处理信息的能力是有限的,PGC、UGC 内容创作逐渐陷入瓶颈。AIGC 切实提高了创作者结构化处理和加工信息的能力。AIGC 无疑能够弥补数字内容消费与供给之间的缺口,并持续提升内容创作效率。

AIGC 能够实现虚拟场景的制作,助力游戏内容的开发。腾讯的 AI Lab 借助 AIGC 技术,推出了 3D 游戏场景自动生成解决方案,能够在短时间内构建逼真的虚拟城市场景,提升游戏内容制作效率,如图 11-2 所示。

图 11-2 利用 AIGC 技术构建的城市场景

根据腾讯对 AI Lab 的介绍，AIGC 生成虚拟城市主要借助城市布局生成、建筑外观生成和室内映射生成 3 项核心技术。城市布局生成与道路建设和建筑布局有关，为了使生成的场景具有真实感与多样化，腾讯 AI Lab 让 AI 学习了卫星云图与航拍图，使其理解真实的城市道路与建筑特征，从而生成富有真实感的城市布局。

过去，建筑外观需要由人工参考照片进行手工制作，周期较长。AIGC 技术将从 2D 照片到 3D 建筑的制作过程缩短至 17.5 分钟，不仅降低了建筑外观的制作成本，还提高了制作效率。

接下来，腾讯 AI Lab 将围绕"AI+游戏"继续探索游戏内容制作的智能化解决方案，推动游戏行业发展与用户体验升级。

11.1.3 游戏虚拟化身：带来沉浸式游戏体验

VR 让玩家能够在虚拟世界中借助虚拟化身自由活动，获得 360°沉浸式体验。

"汉堡微缩景观世界"是德国的著名景点，位列全球游客评选出的"德国最受欢迎的 100 个景点"的榜首。其与德国另一著名景点"欧洲主题公园"联手推出了一个 VR 沉浸式体验项目，作为欧洲主题公园虚拟现实体验项目 YULLBE 的一个分支。

该项目能够同时容纳 32 名玩家进入虚拟世界，畅游其中。玩家进入后，会"缩小"到微观尺寸，然后在虚拟世界中自由探索。该项目有 YULLBE-GO 和 YULLBE-PRO 两种体验模式。YULLBE-GO 模式的体验时长较短，为 10 分钟，而 YULLBE-PRO 模式的体验时长为 30 分钟。成为微型人物的玩家在虚拟微缩世界中行走时需要小心翼翼地避开各种风险，例如，一阵吹起的风或靠近自己的吸尘器等。

玩家还能够借助 VR 眼镜上的麦克风与其他玩家交流。在 YULLBE-PRO 模式中，玩家的装备更加复杂，除 VR 眼镜之外，还有 VR 头盔、背包、置于手部和脚部的追踪器等装备。

YULLBE 使用 Vicon Origin 系统，这是一个 LBVR（Location Based Virtual Reality，基于位置的虚拟现实）解决方案，用于打造沉浸式 VR 交互体验。体验空间内安装了超过 150 部 Vicon Viper 运动追踪摄像机，对玩家的活动进行跟踪，提升了玩家的游戏体验。

玩家在现实世界中的移动需要与其在虚拟世界中的移动产生关联，这样才能保证他们沉浸在虚拟世界之中。YULLBE 采用高自动化的 Evoke 软件平台，保证玩家与环境之间互动的稳定性。Evoke 软件平台通过追踪玩家穿戴的追踪器来识别角色，同时提供稳定追踪服务，准确地将现实世界与虚拟世界的位置相对应，给玩家带来高度沉浸的虚拟现实体验。

接下来，更多的公司将会借助 VR 技术，帮助用户打造虚拟化身，进一步提升用户身临其境感。

11.1.4 智能 NPC：AI 让游戏 NPC 更加智能

一款游戏能够受到玩家的欢迎，除制作精美、情节吸引人之外，NPC（Non Player Character，非玩家角色）也发挥着重要的作用。最初，NPC 只是引导任务的工具人。但随着剧情的丰富，NPC 与玩家的交互越来越多，玩家越来越希望 NPC 能够有血有肉，更加智能。

许多游戏公司都致力于打造智能 NPC。2022 年 5 月，网易通过一组《逆水寒》游戏视频，展现了其在 NPC 全面智能化方面的设想。视频中有机智善良的大小姐、哭哭啼啼的小姑娘等角色，每个角色都有自己独特的性格，显示出 NPC 的高度智能化。网易称，《逆水寒》手游由技术专家亲自打造，将实现 NPC 全面 AI 化，NPC 能够通过机器学习形成专属性格。

《逆水寒》有望实现 NPC 深度人格养成，玩家可以与 NPC 高度交互，并根据互动程度的不同，达成不同的关系，如仇人、知心朋友或伴侣。这也彰显了 AIGC

的优越性。AIGC 根据玩家特点精准输出内容，增加了玩家探索虚拟世界的乐趣，给玩家带来了"千人千面"的差异化游戏体验。如果《逆水寒》手游的智能 NPC 设想成为现实，必将引领游戏行业的新一轮技术革命。

除了网易，一些国外游戏公司也在智能 NPC 方面进行了尝试。法国知名游戏公司育碧娱乐软件公司（以下简称"育碧"）在游戏领域具有很强的竞争优势，手握《雷曼》《细胞分裂》和《荣耀战魂》等一线 IP。2023 年 3 月，育碧公布了一款名为"Ubisoft Ghostwriter"的 AI 工具，可以实现一键生成 NPC 台词。这意味着玩家与 NPC 对话时，会收到随机对话，仿佛在与真人面对面交谈。这一工具将革新游戏行业，让 NPC 可以像真人一样对话、互动，帮助玩家深度探索游戏世界，提高参与感，加深玩家的投入程度。

CHAPTER 11

11.2 Web 3.0 文娱内容生成，实现沉浸式视听体验

Web 3.0 技术渗入文娱行业的方方面面，从音乐、视频到晚会演出，变革传统形式，生成全新内容，深化视听体验的沉浸感。

11.2.1 Web 3.0 音乐：变革传统音乐利益分配模式

Web 3.0 音乐是 Web 1.0 音乐与 Web 2.0 音乐的升级，集"听、写、拥有"于一体，变革传统音乐产业的利益分配模式。在 Web 3.0 时代，音乐创作者完全拥有音乐作品的所有权与控制权，有效解决了传统音乐产业存在的种种弊端。

（1）版税层层分割。如今，音乐平台或音乐公司作为歌曲版权拥有者获得一首歌曲的大部分收益，音乐创作者只能获得一小部分收益。在这样的利益分配方式下，音乐创作者创造的价值与获得的收益不对等，而且难以维护自己的权益。在一首歌曲的版税分配中，42%的版税分配给唱片公司，如索尼、环球等；30%的版税分配给操作系统，如安卓、iOS 等；20%的版税分配给互联网播放平台，如 QQ 音乐、网易云音乐等。版税经过层层分割，词作者、曲作者等音乐创作者总计只能分配到8%的版税。

（2）薪酬支付效率低。一首歌曲往往由多个音乐创作者共同完成，包括词作者、曲作者、视频制作者、演唱者等。每个音乐创作者的角色、贡献不尽相同，因此所获得的薪酬也不同。这种复杂的薪酬计算方式使得薪酬支付效率低，经常发生分配不透明与延迟支付的情况，损害了音乐创作者的利益。

（3）盗版盛行，损害音乐创作者权益。盗版和违法成本低廉导致盗版音乐猖

獗,且根除难度大。我国音乐版权方面的收益较少,每年的收益仅占整个行业产值的 2%。

传统音乐行业的上述问题,有望随着 Web 3.0 音乐的出现得到很好的解决。Web 3.0 技术的应用,可以为音乐创作者提供更加高效、公平、自动化的价值分配体系,提高收益分配的透明度。Web 3.0 音乐是将音乐铸造成 NFT 进行传播,能够重塑音乐产业链,带来诸多好处,如图 11-3 所示。

01 音乐产业链更加高效、透明
02 音乐创作者及时获得版税收入
03 与粉丝建立良好关系
04 便于募捐

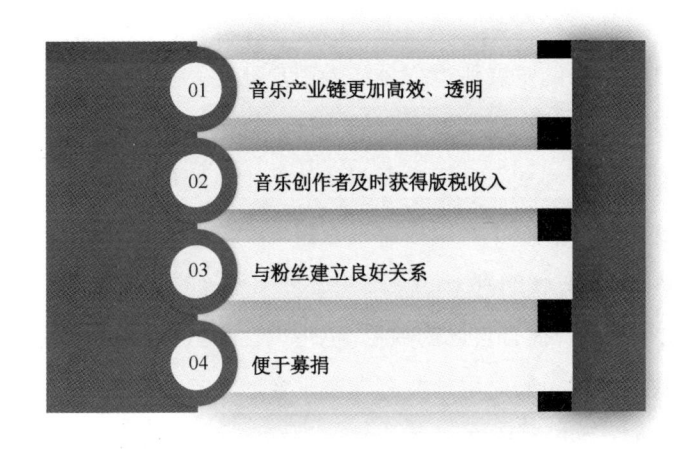

图 11-3 Web 3.0 音乐带来的 4 个好处

(1)音乐产业链更加高效、透明。在传统音乐行业中,音乐平台、运营公司和版权代理方拥有更多的话语权,音乐创作者很难了解自己的实际收益。而 Web 3.0 音乐为音乐创作者提供链路较短的音乐发行渠道和新型版税方案,音乐创作者可以在发行音乐 NFT 时设置 NFT 的转售分成比例,获取二次销售利润。

(2)音乐创作者及时获得版税收入。音乐创作者将其作品铸造成 NFT 后,能够及时、透明地获得作品播放而产生的版税收入。

(3)与粉丝建立良好关系。粉丝可以通过购买音乐创作者的 NFT 来支持其事业发展,并分享音乐创作者的成长收益,与音乐创作者建立更深的联系。NFT 既是展现粉丝忠诚度的凭证之一,也是音乐创作者吸引粉丝的工具。

(4)便于募捐。传统音乐发行方式一般前期花费在宣发与营销上的费用较高,需要大量资金。而在 Web 3.0 音乐生态中，音乐创作者可以募集资金来完成创作，音乐 NFT 的不断升值可以回馈支持者。音乐 NFT 可以降低音乐创作者对于唱片公司和流媒体平台的依赖，使音乐创作者在作品发行阶段拥有更多话语权，获得更多的利益。

11.2.2 Web 3.0 视频：NFT 功能融入视频平台

近年来，视频平台的发展使得视频成为用户社交、娱乐和营销的重要方式。视频流行形式经历了从长视频到短视频的变化，视频行业的发展前景十分广阔。在 Web 2.0 的视频运营模式下，用户贡献了注意力、流量和消费能力，创作者贡献了优质的内容，而用户的个人信息及视频播放产生的大部分收益却被掌握在视频平台手中。Web 3.0 时代的到来，将改变这种不平等的状况。

Web 3.0 能够使用户拥有自己的数据，也可以让那些为视频平台作出贡献的用户获得平台的收益分成。如果用户持有视频平台的 Token，就可以参与平台的治理并获得利益分配。同时，NFT 功能也将融入视频平台的运营之中，用户可以将其视频内容铸造成 NFT，并进行溯源，有效避免作品被侵权。

REVO 作为一个 Web 3.0 框架下的视频 NFT 平台，能够带给普通用户和内容创作者不一样的体验。

在 REVO 中，用户不再只是视频平台的盈利工具，而是能够参与平台治理。用户在 REVO 上观看、学习 Web 3.0 的相关内容，可以通过点赞、评论、转发等互动获得相应的代币收益，还能够以购买 NFT 的方式支持其喜欢的创作者，进而与创作者共享优质内容产生的收益。

创作者可以在 REVO 上发布自己的原创视频，将视频制作成 NFT 出售，以获得盈利。创作者还可以发布付费内容，REVO 通过智能合约将收益直接发放给创作者。此外，创作者还能组建自己的社区及 DAO，在其中与粉丝互动。REVO 让创作者真正拥有作品所有权，维护创作者的权益。

目前，REVO 项目正处于早期发展阶段，感兴趣的用户可以通过以下 3 种方式加入，如图 11-4 所示。

1.OG PASS

2.加入创作者扶持计划

3.在REVO OG中获取积分

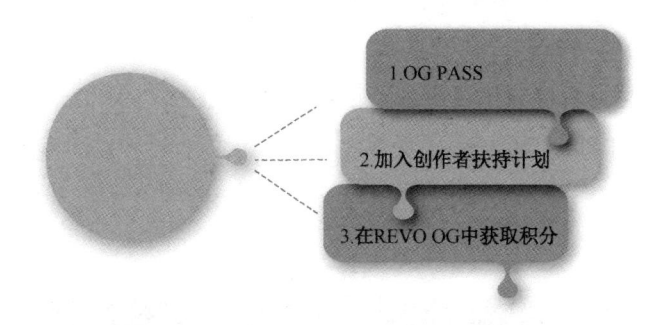

图 11-4　加入 REVO 项目的 3 种方式

1. OG PASS

REVO OG 是一个限定成员名额的俱乐部，以鼓励在社区和产品方面作出重大贡献的用户。REVO OG 已经发行了第一批通行证 OG PASS，反响十分火爆，正在计划发行第二批。第二批 OG PASS 将被分为 4 个等级，分别是白金、黄金、白银和普通，每个等级对应不同的权利。用户可以通过抽取神秘盒子的方式获得 OG PASS。

持有 OG PASS 的用户可以获得更多的积分，积分可以兑换 Token。持有 OG PASS 的用户还有机会获得未发行的 NFT "空投"，以及将 OG PASS 身份在个人主页上展示。

2. 加入创作者扶持计划

REVO OG 计划扶持 100 名 Web 3.0 视频创作者，将他们打造为 Web 3.0 视频领域的 KOL。这些创作者会获得 REVO OG 内部、外部的流量扶持和丰厚的收入，以及免费获得 OG PASS 和积分等权益。

3. 在 REVO OG 中获取积分

积分是用户在 REVO OG 中获得的早期收益。REVO OG 在发行治理 Token "R3VO" 后，将启动积分兑换 Token 的计划，让用户参与 REVO OG 的运营、治理。

11.2.3 百度 Web 3.0 音乐会：AI 和 XR 成为标配

2022 年 9 月，百度推出了国内首档 Web 3.0 沉浸式音乐会——百度元宇宙歌会。众多观众打破时空界限，聚集在一个虚拟空间中共同观看。歌会采用"AI+XR"的奇幻舞台形式，点燃了用户的热情，呈现了一场具有科技感的视听盛宴，如图 11-5 所示。

图 11-5　百度元宇宙歌会现场

此次歌会在虚拟空间中举办，以百度强大的 AI 技术为驱动力，尽情展现了百度 AI 探索官度晓晓的魅力。虚拟数字人度晓晓背靠百度，坐拥深度学习平台"飞桨"，具备强大的学习能力与交互能力。度晓晓既能够在歌会中自如地表演，又能以主持人的身份与嘉宾谈笑风生，进行个性化互动。

度晓晓还作为 AI 唱作人，与 Rapper 共同演唱自己编曲、填词的歌曲《最伟大的 AI 作品》。度晓晓基于"百度文心大模型"学习和拆解了许多经典的 Rap 歌曲，掌握了 Rap 的词曲风格而进行创作，展现了 AI 强大的创作能力。

度晓晓还是新国风舞者，与当代舞蹈家合作演绎了数字新国风作品《富春山居图·合卷》，效果令人震撼。百度还利用 AI 还原画作风格，补全了《富春山居图》的残缺之处。百度善用科技的力量，跨越千年的鸿沟，使古老的画卷与现代人相遇。

百度元宇宙歌会构建了完整的 Web 3.0 全链路场景，整合了百度 Web 3.0 产品矩阵，如"希壤"元宇宙平台、数字人和数字藏品，并浓缩了"黑科技"、3D 奇幻舞台效果和国潮风格。数字人与明星虚实结合的共同演绎，在数字人与用户之间建立起情感纽带。用户陶醉在现实世界与虚拟世界深度融合的视听盛宴之中。

百度元宇宙歌会仅筹备了 3 个月，而效果却令人惊叹。与之对接的大部分品牌积极性非常高，充满了对虚拟世界的好奇与探索欲望。也正是这些品牌合作伙伴敢于突破的积极心态，给了百度继续探索 Web 3.0 的勇气和信心。

CHAPTER 11

11.3 Web 3.0 展旅突破会展与旅游模式

技术的发展推动消费者消费行为的改变，消费者更加青睐数字互动与沉浸式体验。Web 3.0 给旅游和会展行业的发展提供了强大的技术工具，变革会展与旅游模式，在虚拟空间中提升消费者的消费体验。

11.3.1 艺术展革新：提供身临其境新体验

Web 3.0 赋能虚拟空间打造，线下的展会可以搬到线上，赋予用户身临其境的会展新体验。

"瑶台"是网易旗下的沉浸式活动平台，主要承接线上学术会议、展会、公司年会等场景的打造业务，而举办线上艺术展是其颇为重视的一大领域。

网易"瑶台"曾在虚拟世界中为青海称多县打造了一个线上摄影展。展会还原了线下展厅的大部分设计，展厅有明确的间隔、展墙，以及供参观者休息的沙发。用户进入线上摄影展后，可以在不同的展厅之间穿梭，点击作品后便可以看到高清图像，十分方便。与传统的线下展会相比，线上展会的参与方式更加便捷，观众获得了时间和空间两个维度的自由。

博物馆与线上虚拟世界相结合，是会展业未来发展趋势之一。2021 年，"秦始皇帝陵铜车马博物馆"建成开放，展出内容更加丰富，展览手段更加多样，对于文物的阐释也更加深入。虚拟博物馆的设计团队在进行场景设计时，利用 XR 技术实现了实景沙盘与虚拟现实场景的有机融合，高精度还原文物；以扩展现实的全息投影技术，映射出秦始皇帝陵遗址的全息影像；以 AR 和三维动画技术还原了车马坑建筑形制与季节变换,为参观者呈现了秦始皇帝陵的整体布局。

AR、XR 等多种技术将参观者带入一个虚拟世界,以沉浸的方式重现八大奇迹之一的稀世风采。人们仿佛置身现场,欣赏珍贵的文物,实现跨越时空的文化传承,利用"虚"的体验获得"实"的感知,令人叹为观止!

在数字化时代,技术使用户无须亲临现场,就能跨越时空界限,接受艺术的熏陶,感受历史的沉淀,探寻多种文化表现形式。在这样的时代,世界变小了,但同时又变大了。

11.3.2 景区升级:融入 XR 技术,景区内容虚实相生

借助 Web 3.0 技术,旅游景区能够实现内容的虚实相生,推动服务升级,给游客带来沉浸式体验与多元化的消费方式。

许多品牌已在线下尝试利用 VR 技术为用户带来虚实共生的体验。例如,迪士尼乐园通过互联网和物联网将主题乐园与游客的手机等电子设备建立联系,采用可穿戴式 XR 设备,为游客营造虚实共生的融合体验。迪士尼的经典剧目《冰雪奇缘》是迪士尼早期探索数字技术与实体节目相结合的成果之一。它将传统的剧院技术与运动追踪视频图形相结合,创造出"阿伦黛尔"这一奇异的冰雪世界,为游客带来沉浸式视听盛宴。

位于美国佛罗里达州奥兰多市迪士尼度假区的"星球大战:银河星际巡航舰"体验项目无疑是迪士尼探索沉浸式体验的代表之作。它复刻了《星球大战》中战舰的内部场景。游客借助可穿戴式 VR 设备,就可以在虚拟空间中完成在现实世界中不可能完成的事情,如驾驶飞船、探索外太空等。为了增强互动性,迪士尼还为体验角色的游客供应食物,当虚拟空间中的角色品尝美食时,现实世界中的游客同样可以大快朵颐。

同在佛罗里达州的迪士尼动物王国则一直探索为游客提供观察野生动物的新方式。他们计划将雷达技术与隐藏式摄像监视器和无人机上的镜头相结合,将采

集到的野生动物图像视频加工后，映射到虚拟空间中，让游客可以通过 AR 设备"近距离"观察野生动物。相信在不久的将来，迪士尼能够在沉浸式主题乐园领域取得更好的成绩，造福来自全球各地的游客。

11.3.3　苏小妹：虚拟形象化身城市 IP，助力城市文旅

一座城市拥有特色 IP 有助于打响知名度，吸引更多的人前来游玩或投资。在塑造城市虚拟形象 IP 方面，四川眉山打造了虚拟形象"苏小妹"，以推广当地的旅游业。苏小妹是一个在虚拟空间中诞生的虚拟人物，曾登上北京卫视的春节晚会。在民间传闻中，苏小妹是苏东坡的妹妹，具有广泛的知名度。因此，苏小妹被特聘为眉山的数字代言人和"宋文化推荐官"，如图 11-6 所示。

图 11-6　虚拟形象"苏小妹"

眉山是一座具有历史底蕴的古城，是苏洵、苏轼和苏辙三人的故乡。两宋期间，眉山有 886 人考取进士，因此眉山被称为"进士之乡""千载诗书城"，可见其底蕴深厚。眉山的名胜古迹众多，有三苏祠、黑龙滩、彭祖山、江口崖墓等。眉山作为文人辈出之地，是传承中华文化和民族之魂的重要载体。

虚拟形象"苏小妹"是带领游客了解眉山的绝佳载体。她以文化寻根之旅的方式向人们介绍眉山的风土人情，并发布游览眉山的系列短片。在短片中，苏小妹带领游客参观三苏祠，体会园林艺术；体验当地的非遗技艺，感受传统文化魅力；品尝当地的传统美食，如雅妹子风酱肉、仁寿黑龙滩全鱼席等。苏小妹以城市漫步的方式结合数字技术，传递眉山千年文化。

眉山以苏小妹作为城市代言人，将传统文化与现代科技相结合，不仅扩大了眉山的影响力，还提升了眉山的文化价值。

借助苏小妹这一虚拟形象 IP，眉山打破圈层，打通虚实传播的路径，扩大优质内容的影响力，把苏东坡的故事和宋文化传递给更多的年轻受众，助力眉山经济和文化产业的快速发展。

11.4 Web 3.0 虚拟现实技术助力健身产业发展

CHAPTER 11

Web 3.0 虚拟现实技术已经和很多产业融合，推动产业快速发展。Web 3.0 虚拟现实技术和健身产业融合，使人们在虚拟现实的健身场景中借助智能设备享受健康生活成为现实。

11.4.1 健康意识不断提高，大众健身成为趋势

当前，人们的健康意识得到了普遍提高。普华永道发布的《2021 年全球消费者洞察调研》显示，在中国的年轻消费群体中，54%的 X 世代（1965—1980 年出生的人）和 62%的 Z 世代（1995—2009 年出生的人）受访者表示他们重视健康。

人们面临的健康问题多种多样，久坐少动、营养过剩、睡眠不足、精神紧张等因素叠加，造成免疫力降低、精神状态变差、衰老迹象明显。"免疫力是第一竞争力"已经成为人们的共识，而提高免疫力的根本途径就是健身。虽然大家对健身的益处心知肚明，但没时间、没空间、没设备、没教练、没合适的项目、没毅力、没乐趣等主客观原因，导致人们锻炼不足，健康问题更加凸显。

有关专家指出，大众健身呈现以下三大发展趋势。

（1）居家健身成为主流健身模式，具有便利、安全和高效等优势。

（2）"力量+心肺"成为大众健身主流内容。

（3）数字健身成为大众健身普遍要求（减少枯燥乏味，增加激励，让健身得以坚持）。

11.4.2　案例解析：Web 3.0 时代的数字健身系统

针对大众健身的痛点，北京赛锐奥科技有限公司（以下简称"赛锐奥科技"）推出了"吨米数字健身系统"，开发大众健身的科学模式、智慧设备、趣味课程和数据平台，如图 11-7 所示。

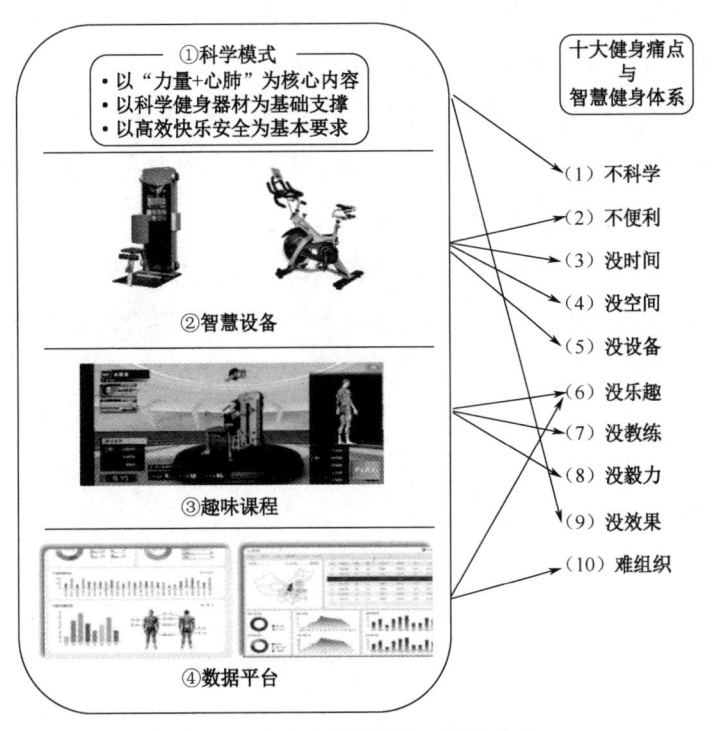

图 11-7　吨米数字健身系统的内容

"吨米智能力量训练器"将 72 种单功能训练设备浓缩为一机，堪称小型健身房，可实现八大主要肌肉群训练目标，而其收起形态仅占地 0.46 平方米；"吨米智能心肺训练器"融合了轻松骑行、激情骑行、HIIT（高强度间歇性训练）、自由组合 4 种训练模式，可实现高效训练。两者结合就形成了系统化、占地少和功能强大的"力量+心肺"居家健身方案。

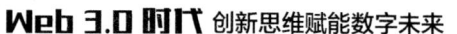

与智能设备配套的趣味健身课程/游戏、智慧虚拟教练和大数据社交平台能够体现吨米"数字健身，科技赋能"的宗旨。吨米数字健身系统具有动作纠正、节奏调整、时间提醒、成绩激励和计划制定等功能，用户能够通过大数据平台管理健身数据、分析健身成果和分享健身成绩，将健身与社交相结合。数字科技能够帮助健身人士创造性地解决"不会练、不愿练、不能坚持练"的问题，从而大大提高健身的乐趣，降低健身的门槛。

吨米数字健身系统发明人姜如国指出，凭借数字科技搭建科学、经济、便利、有趣的大众健身体系，成为促进运动健康产业升级、实现全民健身与全民健康融合的重要基础。依托数字技术的赋能，运动形式、运动体验得到了极大丰富，体教融合、体娱融合也拥有了巨大发展空间。吨米数字健身系统通过推出科学运动方案促进人们身心健康，使人们形成健康的生活方式。

吨米不仅凭借专业性满足大众健身需求，还依托创意，成为VR健身新技术、新场景和新业态的引领者，把训练动作与VR场景完美融合，实现了沉浸式竞技体验与真实健身的超现实连接。

第 12 章

Web 3.0+教育：重构教育模式

　　Web 3.0 与教育相融合，让热爱学习的人在任何地方、在虚实两个世界中，都能享受获取知识和技能的乐趣，为教育产业注入新的活力。Web 3.0 跨越了时空界限，使远程教育惠及更多的人。Web 3.0 优化了教育资源配置，打造了高效、高质量的教学模式，对于教育理念和教育模式的升级都具有非凡的意义。

CHAPTER 12

12.1　Web 3.0 优化课程体系

Web 3.0 为教学提供了更加开放、自由的环境，更便于教师为学生制定个性化的教学方案，课程体系建设也更加系统、完善。

12.1.1　突破课程学习的时间、空间与资源限制

相较于 Web 2.0，Web 3.0 有着更高的智能性、更高效的交互方式和更强大的数据应用能力。在教育领域，Web 3.0 可以极大地突破传统的课程教学受时空限制的藩篱，为学生提供更加灵活和个性化的学习方式。

在 Web 2.0 时代，线上教学成为学生学习体验的有机组成部分，网课对保证学习的连贯性起到了关键性的作用。即使是偏远地区的学生，也能通过观看一线城市优秀教师的教学视频得到更好的指导，促进了教育的公平。

Web 3.0 使教学的参与性和互动性更强。Web 3.0 能为远程教学和网络教学提供更为稳定、高速的网络传输环境，提高学生学习课程的自主性和积极性。

Web 3.0 可以智能评估学生的学习进度和学习成果，让学生得到更加及时、精准和个性化的反馈。

在 Web 3.0 生态中，全球信息和多媒体资源是实时共享的，能为课程的教与学提供更加丰富的资源和知识资讯。Web 3.0 技术的应用还将深化跨领域合作和知识共享，促进不同领域的教师、学者及学生之间的沟通和交流，拓展教与学的广度和深度。这无疑会让学生拥有更优质和更有意义的学习体验，发展成为具有大局观和创造性的复合型人才。

12.1.2 为学生制定个性化课程方案

在 Web 3.0 时代，教学不再是教师向学生传授教材中的知识，而是满足学生的个性化、多样化的学习需求。因此，制定个性化课程方案成为课程体系改革的重要任务。学生的学习兴趣和学习痛点是制定课程方案的出发点和重要依据。

因材施教、制定个性化课程方案已经成为当代教育教学的重要理念。只有针对学生的特点制定课程方案，才能获到更好的学习效果。Web 3.0 为学生的个性化学习提供了有利环境和技术支撑。教师可以充分利用 Web 3.0 平台，如在线学习、网络课程、教材互动等平台，给学生提供更有针对性的学习指导，使学生获得个性化的学习体验。

教师可以充分考量学生自身的学习能力、学科特长等因素，针对不同学生的不同情况制定不同的学习计划，为学生提供更加系统、全面的学习路径和目标。教师可以借助 Web 3.0 生态中的智能学习系统，设计个性化的课程内容、学习进度和考核方式等。

教师可以使用 Web 3.0 提供的远程教学、在线测评等工具，对学生的学情进行实时监控和评估，了解学生的学习进度、存在的问题及其满意度，对个性化课程方案及时进行调整和优化。

CHAPTER 12

12.2 Web 3.0 助力远程教育

远程教育对于促进教育公平的价值和优势不断凸显，而 Web 3.0 能够为远程教育提供教学环境和工具，如虚拟课堂、虚拟数字人等，是促进教育资源均衡、提升远程教学体验的重要抓手。

12.2.1 虚拟课堂带来沉浸式教学体验

虚拟课堂是 Web 3.0 教育的重要表现形式之一。在 Web 3.0 虚拟课堂中，教师能够进行更具创意的教学设计，学生可以更加自如地获取知识。

虚拟课堂丰富了课堂互动形式，拓展了课堂互动范围。在传统的面对面授课环境中，学生与教师之间互动的重要性不言而喻，但其效果会受到课时压力、师生性格差异等因素的影响。在虚拟课堂中，互动的媒介更为多样化，师生可以采用语音、视频、互动白板等多种工具互动，学生参与课堂的方式更多、即时性更强。教师也可以借助虚拟课堂的互动媒介，了解学生的知识接收情况和参与状态，并及时给予学生反馈。此外，虚拟课堂具有社交属性，可以促进学生之间的交流与合作，增强学生的团队协作意识。

虚拟课堂依托数据分析、目标跟踪等技术，使课堂教学更加个性化。根据每个学生不同的学习需求和学习方法，虚拟课堂能够为学生提供专属、个性化的学习服务，让学习内容与学生的需求更加匹配，使学生可以精准地查漏补缺，提高学习效果。

虚拟课堂为学生提供虚实结合的课堂体验。虚拟课堂存在于数字环境中，但学习内容应该与现实世界紧密结合。例如，借助虚拟现实技术，学生能够根据学习需要置身于不同的 3D 场景中，如参观名胜古迹、进行实验操作等，学生可以更加直观地了解所学内容。这样不仅能帮助学生更好地理解知识点，还能极大地增加学生学习的乐趣，提高学习的积极性。

12.2.2　数字人教师促进教育资源均衡

数字人教师是 Web 3.0 教育变革的重要推动力。数字人教师是指依托机器学习和人工智能等技术，模拟人类教师思维和行为的虚拟教师，能够协助人类教育者在教学过程中为学生提供更好的帮助。

2022 年 2 月 21 日，深圳市中小学春季开学之际，除高三年级学生正常返校之外，其他年级的学生均开展线上教学。开学首日，深圳市宝安区的中小学生体验了趣味横生的开学第一课——"扣好人生第一粒纽扣"。与以往不同的是，这堂课的授课老师是一位数字人——"云笙"。

华为云数字人云笙化身教师首次登上讲台，其围绕"求索·真谛""感知·启发""荣耀·骄傲""陪伴·成长"和"探索·发现"五大篇章，为中小学生献上了极具仪式感的创新式开学首课。

授课老师云笙由华为云 MetaStudio 数字内容生产线打造。华为云 MetaStudio 是一个媒体基础设施平台，其包括空间和图形两大媒体引擎，具有媒体 AI、通信协作、基于区块链技术的内容管理等能力，可以提供数字人生产、NFT 数字资产管理、数字内容制作和 AR/VR 等场景的端到端服务。

背靠华为云强大的 AI 技术，从 AI 建模、AI 渲染加速到 AI 语音驱动，从对话聊天到线上讲课，数字人云笙都能轻松胜任。课程伊始，云笙带领同学们一起朗诵了梁启超的《少年中国说》。在接下来的课程篇章中，云笙不仅带领同学们从宏观的视角了解中华五千年传统文化，例如，从孔子、沈括讲到李白、杜甫，还带领同学们一起探索太空的奥秘和航天科技，例如，从古老星座图讲到载人航天、

中国空间站。

12.2.3 数字人助理：度晓晓为高考学子护航

随着 Web 3.0 生态进一步繁荣，数字人的应用范围得到了广泛拓展。2022 年高考刚结束，一篇高质量的高考作文便在社交媒体上刷屏，而其作者是一位数字人——度晓晓。

度晓晓是百度推出的虚拟数字人 AI 助手，依托百度大脑 7.0 核心技术，整合了 3D 数字人建模、自然语言理解、多模态交互、语音识别、机器翻译等多项技术，展现出强大的 AIGC 能力和 AI 交互能力。用户在百度 App 搜索"度晓晓"，即可召唤出度晓晓。用户可以与度晓晓实时对话、交流情感，还可以体验度晓晓的语音搜索、搜索播报等功能。

为响应教育部"2022 高考护航计划"的号召，百度发布了"用 AI 助考"计划，运用 AI 技术提供高考全周期智能化服务。基于该计划，度晓晓化身为高考学子保驾护航的数字人助理。

首先，在高考前夕，度晓晓与考生进行实时智能聊天对话，帮助考生缓解情绪波动和考前压力，关注考生在高考来临之际的情感疏通需求。考生也可以针对考前准备向度晓晓提问，如"参加高考需要携带什么物品"等，度晓晓能够给予考生精准的回复。

其次，度晓晓能够基于考生个人信息生成个性化高考档案，在高考结束后，为考生智能推送个性化报考建议。此外，度晓晓还会在高考查分、填报志愿、查询录取通知书等重要节点向考生推送提醒信息，确保家长和考生不遗漏重要环节。

最后，度晓晓采用先进的 AI 技术，为考生提供 AI 高考档案、AI 智能估分、AI 对比分析、AI 志愿助手等多种类型的智能、精准的报考辅助服务。

第 12 章
Web 3.0+教育：重构教育模式

CHAPTER 12

12.3 Web 3.0 数字学习资产的应用范围

Web 3.0 推动数字学习资产应用范围不断拓展。其中，数字藏品成为高校文化建设的重要工具。基于区块链技术的 DAO 在线教育模式使数字学习资产得以更好地分配，成为个人学习者的福音。

12.3.1 数字藏品：赋能高校文化建设

数字藏品不仅是一种数字资产，在教育领域还可成为高校文化建设的利器。数字藏品具有独特的纪念意义，有助于校园文化的传承，并带动院校数字文化产业的发展。

2022 年 8 月，深圳大学联合数字藏品工具集"TopHolder 头号藏家"，面向新一届本科生发放以"去__不同"为主题的 3D 版"深大盒子"数字藏品，向学生传递深圳大学的精神和文化，如图 12-1 所示。

图 12-1 "深大盒子"数字藏品

每一份数字藏品都包括深圳大学校徽、深圳大学盒子、深圳大学鸭舌帽、深圳大学文化衫和深圳大学录取通知书等内容，并且都有一个特定的编号，具有不可复制、不可篡改的属性和永久存证的意义。深圳大学共计发行了 8000 份数字藏品，新一届本科生可以通过扫描录取通知书上的二维码自主领取。

"深大盒子"作为学校为新生定制的专属录取通知书，是盒装录取通知书的"先行者"。自发布以来，"深大盒子"已经由 1.0 版本升级到 7.0 版本。每一年的"深大盒子"都有一个独特的主题，鼓励新生从梦开始的地方，逐梦而行。2022 年以"去__不同"为主题的"深大盒子"数字藏品鼓励新生勇于发现不同、坚持不同、探索不同和创造不同，彰显深圳大学积极创新的正能量文化底色。

此次合作发布数字藏品是深圳大学用科技赋能校园文化传播的大胆尝试。"深大盒子"不仅承载着深圳大学的文化底蕴，还助力深大学子弘扬校园文化，树立文化自信。"深大盒子"将深圳大学的校园特色永久地保存在区块链上，是深圳大学在数字藏品领域探索的开端。

在与深圳大学携手推出数字藏品之前，"TopHolder 头号藏家"已经成功帮助多个机构和 IP 打造数字藏品。"TopHolder 头号藏家"基于区块链技术助力高校以数字藏品为载体传递自身博大精深的校园文化，并实现社交化数字藏品的生成、展示和收藏，从而帮助学生在脑海中形成对自己大学的文化价值观的认同。

12.3.2　DAO 在线教育模式：学习者的福音

随着学习者学习需求的不断变化和升级，在线教育模式得到了越来越广泛的关注。其中，将区块链技术与教育相结合的 DAO 在线教育模式，成为颇受学习者青睐的新兴教育模式，给学习者带来福音。

传统在线教育模式以各种教育培训机构为中心，在自主学习方面，会对学习者造成阻碍；在个人信息管理方面，会给学习者带来风险。

DAO 在线教育模式采用分布式自治的组织结构，支持多个学习者共同管理、运营和决策。同时，区块链技术的数据不可篡改、透明化等特征规避了在线教育机构肆意传播虚假信息的风险，还可以更好地保护教学数据和学习者个人信息及所获证书的安全。

在 DAO 在线教育模式下，学习者通过区块链上的智能合约和 DAO 组织进行数字化学习，而学校则通过智能合约和 DAO 组织管理教师和学习者，实现教学内容和资源分配的自动化和去中心化。DAO 的去中心化特征使其无须通过中心枢纽传递信息，并且不受任何外部机构和组织的影响。学习者根据自己的真实需求选择感兴趣的线上课程，还可以在区块链的每个节点上实时获取多样化的课程资源。

DAO 在线教育模式能够高效地进行教学内容的运营和管理。智能合约的自动化特性加快了教学内容的更新和完善，并快速实现教学内容的交换和共享，支持不同的学习者在同一时间共享知识和学习资源，满足学习者的个性化需求。

Jane 是一名初级数据分析师。在一个由区块链作为技术支撑的在线教学社区中，她参加了由某高等教育机构推出的系统性的计算机科学在线公开课，并在完成课程后获得了相应的电子证书。

Jane 感受到了 DAO 在线教育模式的价值和优势。她不仅能够自主选择感兴趣的课程内容，还可以享受到海外教育机构提供的大量课程资源。在线教育系统还向她智能推荐相关的课程或具有相似经验的学习伙伴，而 Jane 的个人隐私安全与权益得到了很好的保护。

第 13 章

Web 3.0+社交：实现去中心化的开放式社交

Web 3.0 与社交的结合在为用户带来去中心化社交体验的同时，能够保护用户的隐私与安全，让用户获得更多的自主权。基于这些益处，Web 3.0 社交有望成为未来的主流社交方式。

CHAPTER 13

13.1 社交身份更新

互联网的升级迭代使用户的社交身份也得到了更新，即由被中心化平台所掌握的身份转变为去中心化身份。用户获得自身数据所有权，开启形式更丰富、场景更真实的 Web 3.0 社交。

13.1.1 DID：统一的去中心化数字社交身份

在 Web 2.0 时代，用户凭借多组账号和密码登录不同平台，获得平台身份。用户信息十分零碎且被掌握在中心化平台手中，用户无法管理自己的数字身份。而在 Web 3.0 时代，DID 让用户拥有数据自主权。

DID 在社交中的应用场景众多，但其核心应用主要有 4 个，如图 13-1 所示。

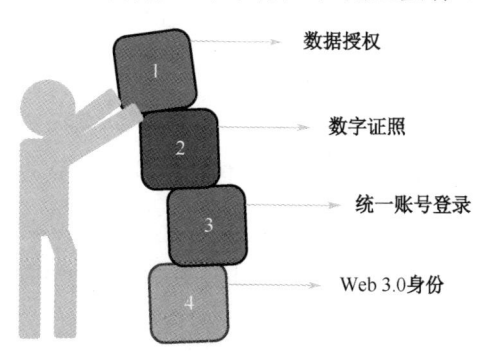

图 13-1　DID 在社交中的 4 个核心应用

（1）数据授权。用户登录中心化平台时，往往被要求提供身份信息、个人隐私数据等，进行认证后才能进入平台。而采用 DID 后，用户有权决定是否将个人数据授权给平台，如果用户不同意，就可以不授权。

（2）数字证照。在身份识别场景中，用户可将可验证凭证与个人账号进行绑定，形成数字证照，继而借助密码算法进行验证。此后，用户再遇到相同场景，出示数字证照即可，不再需要提供实体证件。

（3）统一账号登录。当下，用户每登录一个新平台都需要注册账号。借助 DID，用户可以用统一的账号登录各个平台，无须反复注册新账号。

（4）Web 3.0 身份。用户在 Web 3.0 世界中拥有唯一的 DID 账号身份，其中包含用户在现实与虚拟两个世界中的信息，在方便用户的同时也能够保护用户的隐私。

DID 作为 Web 3.0 的重要基础设施，将赋能数字化社会更加透明、高效地发展。

13.1.2　POAP：参与 Web 3.0 社交活动的 NFT 徽章

POAP（Proof-Of-Attendance Protocol，出席证明协议）是一种 NFT 徽章，用于记录和纪念所发生的特定事件，一般建立在以太坊上。作为一个可验证的证据，POAP 可以证明用户在某个事情或活动发生时在场。事情或活动可以发生在现实世界中，也可以发生在虚拟世界中。

例如，在现实世界中，一些用户看完电影或演唱会后，会留存电影票或演唱会门票，来记录自己的这段经历。那么，POAP 则是用户在区块链上证明自己参加过某个活动的证据。

POAP 的用户可以分为活动策划者和收藏者。活动策划者是活动的组织方，负责制作活动的 POAP 并分发给参与活动的用户。收藏者，顾名思义，是爱好收藏 POAP 的用户，他们喜欢用 NFT 徽章纪念特殊的时刻，或者表明自己曾出席某个活动。

POAP 平台具有诸多功能，能够为用户提供个性化体验，例如，抽奖和聊天，让活动的组织者和参与者更好地互动。用户可以通过 POAP 收藏夹来展示丰富的活动经历，也可以变身活动策划者举办自己的活动，并定制和分发活动徽章。

POAP 是一个新生事物，最早出现于 2019 年的以太坊丹佛大会。那场会议的顺利举办有赖于各个参与者的积极捐款。于是，活动的发起人便设计了一款 POAP，用于奖励参与"黑客马拉松大会"的黑客，同时表明以太坊具有其他技术无法实现的独特功能。

NFT 成为 POAP 必须具备以下特点。

（1）POAP 智能合约必须出自官方。

（2）所标识的活动需要设置确定的时间和地点。

（3）POAP 必须与相关图片相对应。

许多用户收集 POAP 是出于获得情绪价值的诉求，收集徽章的过程不仅十分有趣，还十分有意义，可以体现用户对活动的贡献。

CHAPTER 13

13.2 Web 3.0 社交的三大特点

Web 3.0 社交是用户能够获得沉浸式体验的虚拟社交,具有创造性和完善的社交生态,能够满足用户的多种需要。

13.2.1 沉浸式虚拟社交:虚拟形象+虚拟场景

你是否设想过在未来和朋友进行相隔千里却能促膝长谈的社交?在迄今为止出现的所有社交方式中,面对面社交能获得最大的信息量和最优的沟通结果。美国学者雷蒙德·罗斯曾通过研究得出结论,在一场交流中,35%的信息通过语言符号传播,而65%的信息则通过肢体、表情等非语言符号传播。

市面上的线上社交软件的发展历程也佐证了这一点。以微信为例,初代微信只能发送文字和图片,用户活跃度并不高,而在它发布了语音和表情包功能后,用户规模实现了跃升式的增长。

因为借助文字聊天,虽能传递信息,但如果表述不当就容易产生误解。而语音和表情包则避免了这个问题,可以进一步表达信息传递者的情绪,让屏幕对面的人能感受到信息传递者的喜怒哀乐,从而更准确地了解信息传递者的意图。

毋庸置疑,随着技术的进步,Web 3.0 社交将进一步打破时间和空间的限制,让社交更随心所欲,甚至能让相隔千里的人在虚拟世界中面对面交流。

已经有一些企业在沉浸式社交方面进行了探索。VRChat 为用户打造了一个虚拟社交空间,用户可以在其中自行创建虚拟形象和聊天室,与来自世界各地的用户聊天、一起上课、玩游戏等。借助全身追踪设备,用户甚至可以在虚拟世界中斗舞。

作为一款深受用户喜爱的 VR 社交应用，VRChat 常年占据 Steam 和 Oculus Rift 商店的榜首，同时在线人数突破过 2.4 万。VRChat 如此火爆的主要原因就在于，VRChat 沉浸式的虚拟社交场景为用户提供了多样、新奇的体验。

卡通形象的虚拟化身是 VRChat 最主要的功能之一。用户可以自由设计自己的虚拟形象，甚至扮演自己的虚拟偶像。以虚拟化身与他人互动时，用户还可以触碰他人的虚拟化身。

虚拟空间打破了现实中的地域限制，在这里，用户会遇到来自不同国家和地区的人，与其交流、玩游戏。VRChat 给不同的场景打了标签，如中文吧、英语角等，用户可以选择自己想要进入的场景。

作为众多年轻用户的聚集地，VRChat 中有许多有趣的灵魂，例如，特别喜欢聊天的话痨、喜欢发呆的透明玩家、喜欢在虚拟世界中看动漫的"宅男"，甚至有在 VRChat 中睡觉的重度玩家。这些形形色色的人组成了 VRChat 中别样的风景，形成了自由开放的社区氛围。

此外，VRChat 具有和元宇宙相似的延展性，支持用户自定义游戏和虚拟世界。用户可以根据自己的虚拟身份创建新的虚拟世界，并向其他用户开放。这意味着，VRChat 的用户可以不断地探索新事物。

可以预见，实时 3D 虚拟社交是互联网社交的未来。随着 Web 3.0 社交的发展，异地朋友相聚于虚拟空间中开展社交活动等将成为常态。

13.2.2　创造性：用户自由创造社交资产

社交资产是指用户基于社交行为而获得的粉丝及变现能力所形成的无形资产。社交资产涵盖的内容十分广泛，既包括个人存储的任何能够产生价值的数据，也包括游戏中的道具、虚拟货币等。在 Web 2.0 时代，用户不能完全掌握自己的社交资产，而在 Web 3.0 时代，用户的数据归用户个人所有，用户能够自由地创造和管理社交资产。

Cocone 是一家游戏开发公司，其产品大多包含换装、社交等元素，用户群体以女性为主。2022 年 8 月，Cocone 推出了一个名为 Meta Livly 的虚拟宠物社交平台。用户初次进入平台，可以根据个人喜好领养一只宠物，并为它取名字。用户在游戏中可以冒险、串门、喂养宠物、购买物品，以促进宠物成长、完成个人虚拟形象装扮。在这个过程中，用户会结交许多志同道合的朋友。

与 Cocone 之前推出的游戏相比，Meta Livly 具有以下 3 个特点，如图 13-2 所示。

1. 引入NFT
2. 实行Play to Earn
3. 创造新场景

图 13-2　Meta Livly 的 3 个特点

1．引入 NFT

用户在 Meta Livly 中可以购买 NFT 或收集材料铸造 NFT。Meta Livly 对外发售实用穿戴式 NFT，用户可以在 NFT 市场 Jellyme 中使用代币 MOOI 购买，购买后可以用于装饰宠物、家园和主人。

如果用户资金不足，可以通过帮助宠物、家园和主人成长而获取钻石。钻石可以兑换金币，金币可以购买扭蛋，通过扭蛋获得的道具可以促进宠物成长。宠物和岛屿越多，掉落星辰币的可能性越大。星辰币可以用于购买商品，也可以用于铸造 NFT。Meta Livly 鼓励用户充分发挥创造性，以提升平台内容的丰富度。

除花钱购买和使用星辰币铸造 NFT 外，游戏官方也会掉落 NFT。用户可以通过参加抽奖等官方活动获得 NFT。

2．实行 Play to Earn

Meta Livly 把 Play to Earn 作为吸引用户的特色之一。用户根据平台的要求完成相关任务就可获得代币奖励，代币奖励可以兑换成现金。换句话说，用户在 Meta Livly 中可以赚到钱。

Meta Livly 宣称，用户在扭蛋铸币中获得的装饰道具都归用户所有，用户可以穿戴与交易。事实上，铸币模式在以往的游戏中也存在，但 Meta Livly 将该模式引入 Web 3.0 社交中，以期将用户与平台深度绑定，激发用户活力。

3．创造新场景

Meta Livly 推出了 6 个不同主题的全新场景，颇具创新性，以温馨、可爱的画风吸引年轻用户。

13.2.3　社交生态完善：社交与游戏、工作相结合

社交有 3 个重要的元素，即社交对象、社交环境和社交内容。社交对象决定了社交的内容和主体，是社交内容的生产者，也决定着社交环境。在不同的社交环境中，人的行为举止会有差异。社交环境是社交仪式感的来源，仪式感越强的社交环境，对人的约束力越大，对社交对象和社交内容的要求越高。

当社交转移到线上时，这 3 个元素会相应地发生变化。在虚拟世界中，人们获取社交对象信息的能力有限，从而导致彼此之间的信任关系难以轻易建立。社交场景虚拟化，减少了人在现实世界中所受的约束，使人行动更自由。传达信息的媒介由语言、表情、肢体动作等变为文字、语音、符号、图片、视频等，虽然有时会丢失部分信息，但减少了直接面对沟通对象的压力，表达更直接。此外，信息传达方式的变化，在一定程度上催生了新的语言形式，让其成为区分某一群体的标志。

同样，游戏中的社交也具备这 3 个元素，那么，如何围绕这 3 个元素，构建游戏社交场景呢？

1. 社交内容

游戏的社交内容极度聚焦,很少脱离游戏内容。例如,在《王者荣耀》中讨论战绩、在《绝地求生》中讨论武器装备等。当然,并不是所有的游戏内容都可以成为社交内容,只有具有分享、共情、争议 3 个特点的内容才能成为社交内容。而社交内容的多寡决定了游戏社交的黏性强弱。

(1)分享是指玩家单方面向外传递信息,如游戏战绩、游戏里的新角色等。不是所有的内容都值得分享,例如,所有玩家每天必做的日常任务就没有分享的意义。分享的内容一定要能吸引别人的眼球,要么知道的人不多,要么人无我有。

(2)共情是指在分享的基础上,引起别人的共鸣。例如,某玩家分享了某个角色的技能装备,得到了其他玩家的点赞,这就是良性互动。游戏是一个目的明确的社交载体,丰富的互动内容有助于驱动社交。

(3)争议是指玩家之间对游戏内容的讨论。游戏内容很多,需要玩家探索,在这个过程中,不同玩家对同一内容产生不同的理解,就会引发争议。正面的争议内容是社交的利器。

2. 社交对象

游戏玩家通常有另一种身份,即游戏角色。这个身份可以帮助玩家建立初步的身份信息,例如,在《王者荣耀》中,玩家常用的英雄、胜率等后台数据得以在前台展示,成为一种身份信息。而丰富的身份信息非常有利于社交。此外,如果用微信等社交账号登录游戏,还可以引入账号中已有的社交关系链,快速构建自己的身份信息。

3. 社交环境

游戏社交环境的定位一般是辅助游戏,这样的定位比较简单,缺乏仪式感。仪式感的重塑在于信息的分级,并不是所有的信息都是玩家所关心的,例如,世界频道(多对多的发布,是所有玩家的交流频道)信息的级别就应该比私人频道(一般是一对一或几个玩家之间私聊的频道)信息的级别低。发布私人频道信息应该采用特殊的呈现形式,以塑造仪式感。

CHAPTER 13

13.3 Web 3.0 社交：展望未来社交图景

Web 3.0 以社交图谱的方式将社交主导权归还给用户。Web 3.0 与 SocialFi 相结合，是社交媒体下一阶段的发展方向。

13.3.1 Web 3.0 打造社交新图谱

Facebook 的创始人兼首席执行官马克·扎克伯格率先提出社交图谱的概念，指出这是一种人与人之间社会关系的映射。如果将用户在不同渠道认识的人与不同的事物联系在一起，那么网络社交将朝着个性化、智能化的方向发展。虽然社交图谱的概念是在 Web 2.0 时代提出的，但在 Web 3.0 时代会愈发受到重视，用户可以借助社交图谱深入理解 Web 3.0 社交。

用户借助社交图谱在不同的社交网络和应用平台间穿梭。其在各个平台上建立的社交关系与人脉都会关联到去中心化的社交图谱中，社交图谱中的信息被存储在区块链层，而不是应用协议层。借助区块链技术，用户可以掌握自己的社交数据和社交图谱。而众多用户的社交图谱也将反哺 Web 3.0 生态，使之具有丰富的应用场景。

在信息流向方面，Web 3.0 时代用户的社交图谱与其数字钱包地址相关联，用户通过自己的社交密钥来掌握自己的社交图谱。这样，一方面，方便了用户进行跨平台交流；另一方面，数据存储在去中心化节点上，保证了用户数据的安全。其他的社交平台或 DApp 用户在访问某用户的社交图谱时，需要事先征得该用户的同意。任何机构都无权审查和篡改用户的数据。信息只流向有价值的方向，无法被人为操控。

在利益分配方面，由于数据的所有权归用户所有，因此用户可以参与利益分配。平台不再是利益分配规则的制定者，而是通过为用户提供信息和技术服务获取利益。

Lens Protocol 是一个于 2022 年推出的基于区块链的开源社交图谱协议，以打造 Web 3.0 社交媒体为目的。Lens Protocol 与 Web 2.0 时代的社交媒体不同，其借助社交图谱在用户之间建立联系。Lens Protocol 中的用户无须获得平台许可，能够拥有自身数据，建立自身与平台的联系。

用户可以将自己的数据迁移到任何基于 Lens Protocol 的应用程序中。在这些平台内，用户不再担心由于外部原因而丢失创作内容，从而将注意力全部放在如何提高作品质量上。

目前，Lens Protocol 已经开发了许多功能，包括用户档案、关注者、帖子的评论及转发等。在 Lens Protocol 上，社交媒体的关键功能由归用户所有的 NFT 支持。用户个人资料也是 NFT 形式的。每个关注者持有一个关注者 NFT，每篇帖子也有一个帖子 NFT。

此外，CyberConnect 也是一个去中心化的社交图谱协议，主要服务于 Web 3.0 网络与元宇宙，能够连接社交平台、个人用户与社区，为 Web 3.0 提供基础设施与整合服务。

CyberConnect 的核心是一种防篡改的数据结构，能够保证数据以用户为中心，并实现数据创建、更新、查询。它利用社交图谱模块和推荐索引器为 DApp 提供一个通用数据层，用以嵌入社交功能。非常关键的一点在于，用户有权决定是否授权 DApp 读取其应用数据。数据的所有权掌握在用户手中，DApp 不能随意读取用户数据。

CyberConnect 与 Lens Protocol 都是去中心化社交图谱，但它们之间是有区别的。Lens Protocol 生态的项目都是以 Lens Protocol 为基础的新项目，而 CyberConnect 则更倾向于和其他项目进行合作。因此，CyberConnect 的拓展性比 Lens Protocol 更好。

13.3.2　Web 3.0+SocialFi：社交媒体的下一站

SocialFi 指社交化金融，是金融与社交在区块链上的有机结合。其指明了 Web 3.0 时代社交媒体发展的下一站。

投资机构做出的投资决策向来具有极强的前瞻性。从公开的数据获知，截至 2023 年 3 月 17 日，著名投资机构 a16z 共投资了 5 个去中心化社交项目。这足以表明，Web 3.0 结合社交是社交媒体的下一站，具有成长潜力。

一个名为 Yesgo 的结合了 SocialFi 与 NFT 的短视频应用引起了用户的热议。Yesgo 打破了传统短视频的发展壁垒，让每个用户都能获益。

Yesgo 采取"Sing to Earn"（边唱边赚）和"Share to Earn"（边分享边赚）的模式，用户在创作、分享短视频时可以从平台获得收益。这些收益既可以自由交易，也可以提现。Yesgo 用收益共享的激励机制来吸引用户，并推动自身的生态建设。Yesgo 团队称，目前正与多个平台展开合作，以拓展更多的应用场景。

13.3.3　MetaSocial：新型 Web 3.0 社交平台

MetaSocial 是新型 Web 3.0 社交平台，通过与 NFT 结合，为用户提供安全、方便、无须担心隐私泄露的聊天环境，也提供 NFT 创作和孵化交易等服务。

在 MetaSocial 平台上，用户的资产可以转化为 NFT，并通过与 DeFi 结合，创造出更多收益。MetaSocial 的主要应用方向：一是提供去中心化服务，让用户享受虚拟世界的乐趣；二是提供 NFT 铸造、展示与交易服务；三是打通虚拟世界与现实世界之间的通道。

此外，MetaSocial 平台的 SocialFi 功能能够解决以下 3 个问题。

（1）数据归属问题。MetaSocial 平台可以将用户的虚拟资产转化为 NFT，成为独一无二的数字资产，用户拥有自身资产的所有权。

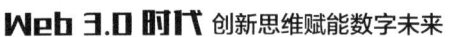

（2）利益分配问题。在现实中，大部分内容创作者都艰难地维持创作，无法获得更多收益。而在 MetaSocial 平台上，创作者可以获得创作带来的价值，成为自己创作内容的受益者。

（3）隐私保护问题。中心化平台中存在审查制度，用户的隐私难以得到保护。而在 MetaSocial 平台上，用户的数据存储于分布式存储系统中，隐私能够得到最大程度的保护。

新型 Web 3.0 社交平台将重新定义社交方式，在为用户提供便利和带来更多收益的同时，也赋予用户无穷的可能性，帮助用户在社交平台上实现各种创想。

第 14 章

Web 3.0+品牌营销：全新方式赋能品牌发展

Web 3.0 能够助力品牌营销，帮助品牌实现突破性发展。Web 3.0 与品牌营销结合，能够重构营销方式，开拓更多的营销场景，推动品效增长。

CHAPTER 14

14.1 Web 3.0 对于品牌营销的意义

Web 3.0 对品牌建设和营销具有划时代的意义。在 Web 3.0 世界中，消费者在市场中的地位得到提升，与品牌及其产品和服务的关系将发生变化。Web 3.0 时代的到来迫使企业重新思考自身的发展和运作逻辑，而 Web 3.0 工具将更新品牌与消费者进行互动的思路和策略。品牌要想在 Web 3.0 时代实现持续发展，就需要建立 Web 3.0 品牌营销新思维。

14.1.1 更新品牌营销的认知与操作

Web 3.0 技术应用能够为营销行业提供创新型、精准、高效的工具。加密货币、NFT、DAO、DApp 和元宇宙等与营销的融合，能够更新品牌营销的认知与操作。

1. 加密货币

加密货币推动了可编程、并行金融系统的发展，使代币化经济成为现实。对于营销行业来说，加密货币为交易处理和用户激励提供了一种全新的工具。以太币、比特币、Stacks 等加密货币的价值会随着供求关系的变化而上下波动，而稳定币与美元挂钩，价值相对稳定。品牌可以推出自己的加密货币，并赋予加密货币实用性。但品牌需要管理加密货币，与管理现金流、股票一样，要具备专业技能，严谨规范。

2. NFT

发行 NFT 是品牌推动 Web 3.0 生态发展的重要手段之一。NFT 是品牌创建和完善自有用户社区的工具，可以增强用户黏性，为用户提供独特的服务体验。同时，NFT还可以作为辅助交易的工具，与门票、优惠券等营销手段结合使用。

3. DAO

DAO是构建品牌社区的有效工具。品牌可以围绕自己的产品和服务创建DAO，并在其中为参与度或忠诚度较高的核心用户创建子DAO。品牌也可以选择加入已有的DAO，在其中为用户提供价值。完善的DAO项目可以帮助品牌建立强大的用户社区，赢得、巩固和拓展市场份额。

4. DApp

DApp是区块链上的重要应用程序，主要通过智能合约来实现其功能的自动化。在B2C（Business to Customer，企业对消费者）和B2B（Business to Business，企业对企业）营销中，品牌可以应用第三方DApp，也可以创建自己的DApp，在DApp中打广告，为品牌社区增添价值。

5. 元宇宙

元宇宙为品牌营销和传播提供了无限的创意空间和实践天地。企业可以把品牌营销活动从实体空间转移到虚拟空间，也可以虚实结合、虚实互动。企业可以在元宇宙中打造用户聚集地，和他们玩在一起。企业还可以打造沉浸式体验社区，让目标消费者感受品牌的价值观和产品的功效。在这样一个全新的营销赛道中，很多知名品牌已经闪亮登场。例如，Gucci在元宇宙中打造营销新阵地。

选择合适的Web 3.0工具，触达目标用户群体，将有益于品牌更新自己的营销认知与具体操作，开辟新的盈利来源。

14.1.2　Web 3.0品牌营销的逻辑与路线图

在Web 3.0时代，消费者的市场地位发生改变，营销的阵地和打法发生改变，传播的环境和手段也发生改变。相应地，品牌成长与业务发展要求企业拥有新的营销逻辑（如图14-1所示），重新绘制市场营销路线图。

```
1  调整沟通姿态

2  塑造内容属性

3  经营社区资产

4  改变用户触达方式
```

图 14-1　Web 3.0 时代品牌营销新逻辑

1．调整沟通姿态

Web 3.0 的技术手段有助于品牌通过与目标用户交互，拉近与他们的距离。同时，品牌必须意识到，Web 3.0 是去中心化、分布式的，品牌和用户都是 Web 3.0 网络中的一个节点，地位平等。因此，品牌必须树立对等沟通的意识，调整沟通姿态，与用户建立起有温度的情感连接。品牌和用户都是社区成员，因为志同道合聚在一起，双方要先"玩"在一起，然后才能相处下去。

2．塑造内容属性

区块链的数字确权技术让每个 NFT 或虚拟资产都有专属编号和明确权属。Web 3.0 生态中的用户愿意为虚拟资产付费，追求的正是虚拟资产的唯一性、稀缺性及其未来溢价的可能性。要赢得 Web 3.0 时代的用户，品牌需要在产品的功能属性之外，塑造独一无二的内容属性与收藏价值，激发用户为品牌的虚拟资产付费的意愿。

3．经营社区资产

Web 3.0 社区中的用户可以是真正意义上的品牌和产品共创者，并在共创的过程中赚取数字资产，获得增值收益。在品牌的元宇宙社区中，用户会不断地向社区导入资源，使社区资源和用户权益像滚雪球一样越滚越大。这样既能提升用户的数字资产获利能力，也能增强用户对品牌的黏性。品牌需要用资产管理的理念和运作方式来进行用户关系管理，为品牌社区的用户定制专属权益，为私域社群设计和发布数字资产,并创造数字资产升值空间。在这个过程中,品牌与用户共同管理、共同决策,关系会变得越来越紧密。

4. 改变用户触达方式

在 Web 3.0 生态中,用户的信息自主权意识更强。同时,去中心化加密存储增加了信息触达用户的难度。品牌的关注点需要从精准推送内容向鼓励用户主动交互转变。为此,品牌应基于自身的独特属性建立一个能够吸引、容纳用户的场域,激励用户主动跟品牌互动。进而,品牌在交互的过程中不断积累用户数据,以更好地触达和服务用户。

武汉的卢科技有限公司旗下有一个专门开展男袜包年订购业务的品牌,名为"男人袜"。2023 年 4 月 1 日,"男人袜"发起了一场"AI 男人袜"创新票选活动。

每年的年初,"男人袜"都要规划当年的新品。公司创始人兼 CEO 陈伯乐会踏上寻找新品灵感的旅途,参加"袜交会"、去工厂,为开发新品寻找创意的"火花"。可惜的是,2023 年年初,其灵感探访之旅收获寥寥。

曾经是一名程序员的陈伯乐心中萌生出一个念头:"男人袜"和 2023 这个 AI 元年能产生何种关联?于是,他用当下火爆的画图工具 Midjourney 设计了一些袜品的效果图,分享到朋友圈后,反馈出奇地好。不过,陈伯乐的工厂对效果图的反馈不是很好,因为工厂仅靠效果图无法进行生产。团队坚持倾听社群成员的反馈,与设计师进行工艺上的沟通,屡经波折之后,从几十款设计中筛选出 7 个款式,命名为"AI 男人袜",如图 14-2 所示。2023 年 4 月 1 日,"男人袜"在其公众号上邀请粉丝参与这场产品创新之旅,票选各自钟爱的设计,投票时间为一周,最终得票最多的设计将被安排量产。

为答谢参与共创的品牌拥趸,"男人袜"特意准备了专属福利,包括新品预售优惠券、产品正式上架后的新品兑换券,以及一次性购买两套以上预售产品,可免费兑换一个月的 ChatGPT 团队版使用权限。

这是一次令人好奇的用户互动,一场充满挑战与探索的实验,体现了"男人袜"尊重消费者意愿、拥抱挑战、勇于引领创新的品牌内涵。

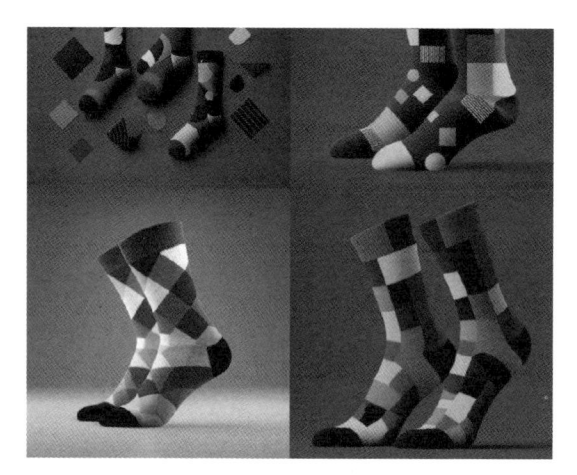

图14-2 参加票选和预售的"AI男人袜"设计

14.1.3 Web 3.0时代，品牌营销人应具备的素养

Web 3.0营销对品牌营销人提出了更高、更专业的要求，而高素质的品牌营销人才能为Web 3.0营销的演进提供强大的动能。

首先需要明确的是，虽然市场和品牌营销环境发生了变化，但品牌营销人应具备的核心素养并未改变。在Web 3.0时代，品牌营销人"行走江湖"应拥有的傍身技能包括能及时把握市场动态、分析所在市场和品类的发展前景、开发出能够满足甚至创造用户需求的产品并高效地组织生产和推向市场、洞察市场中的潜在风险并有效地管理风险，以及调动业务价值链上的关键利益相关方共同营造有利的经营氛围。

在上述基础营销素养之上，Web 3.0时代的品牌营销人还需要熟悉Web 3.0的关键技术，包括区块链、智能合约等。品牌营销人不仅要对这些技术建立深度认知，还要掌握其基本应用方法，运用这些技术开展Web 3.0营销活动，助力业务增长和品牌建设。

此外，在Web 3.0这样一个强交互的生态中，品牌营销人更要具备卓越的协调、合作及社交能力，从而在社区中与用户建立长期的互信互利关系。

14.2 重构内容营销方式

品牌选择数字人做代言人、产品发布会搬进了元宇宙空间、品牌为用户发放有纪念意义的数字藏品……，Web 3.0 营销不断创新、升级品牌体验。

数字人、数字藏品和元宇宙都是品牌营销的重要工具，企业需要在自身定位的指引下，围绕品牌营销策略和阶段性品牌营销重点，进行合理选择和系统布局，从而更好地展现品牌形象，实现可持续发展。Web 3.0 不仅给品牌提供了营销利器，还创造了数字资产，并让数字资产成为品牌资产的有机组成部分，拓宽了品牌增值溢价的维度。

14.2.1 Web 3.0 重构营销"人、货、场"

Web 3.0 营销也要遵循"人、货、场"的逻辑。不过，"人、货、场"各要素均发生了颠覆式改变。

1. 人

在 Web 3.0 时代，用户的市场主体地位大幅提升，企业需要重构用户的认知。在 Web 2.0 时代，企业已经从单纯的商品售卖者进化为产品全生命周期过程中的增值服务提供者。企业需要赢得用户的心，这样才能在市场中找到自己存在的意义。在 Web 3.0 时代，品牌不仅需要在价值层面与用户同频共振，还需要通过打造虚拟资产为用户创造独有的价值。在销售端，数字人有望加入销售队伍，成为提升盈利水平的重要力量。

2. 货

在 Web 2.0 时代，企业深刻了解产品与用户的关系，认识到产品反映的是用户的需求，是用户价值的延伸。由此，为了满足多元而复杂的用户需求，产品的外延从本身的功能性延展到产品的独特性和满足用户心理需要方面的价值。如此，产品满足用户需求的方式更为立体化。在 Web 3.0 时代，产品除了具有功能性、独特性和提供心理价值，还应具有收藏性和金融特性。

3. 场

"场"是产品和目标用户交流互动的空间。在 Web 2.0 时代，营销的"场"的概念已经从物理空间进化为具有商业变现力的"场景"，例如，从线下门店扩展到网上的电子卖场。Web 3.0 时代的"场"更加虚实结合，突破时间和空间的限制，拉近产品和用户的距离，提升人货匹配的效率，提高用户购物的愉悦度。

在 Web 3.0 营销方面，已经出现了很多新业态，例如，数字人为品牌代言、数字人为品牌直播带货、数字员工回应顾客的问询、产品发布会搬进元宇宙空间、品牌为用户发放有纪念意义的数字藏品 NFT 等。今后，会有更多的 Web 3.0 营销方式出现。企业可以根据品牌的营销策略进行系统布局，加强用户与品牌的互动，展现品牌形象，累积品牌资产。

14.2.2 虚拟数字人登上营销舞台

虚拟数字人具有很高的营销生产力。"李未可"是杭州李未可科技有限公司打造的虚拟数字人，如图 14-3 所示。该公司表示要将李未可打造成我国第一个拥有情感连接的虚拟数字人，让公司的 AR 眼镜产品不仅有美丽的"颜值"，还更加有趣的"灵魂"，令"李未可"品牌成为年轻人喜爱的国产科技潮牌。

虚拟数字人因极具科幻感和观赏性的形象，引发了现象级的讨论。但只具备吸睛的外在形象是不够的，让虚拟数字人拥有有趣的"灵魂"，能够与用户产生情感连接，才是用户留存的关键。

图 14-3　虚拟数字人"李未可"

因此,在创建人物形象时,李未可的主创团队组建了业内顶尖的 CG(Computer Graphics,计算机绘制图形)技术团队,使李未可虚拟数字人的形象更加真实、生动。同时,主创团队在小红书、抖音等年轻人聚集的平台上让李未可金句频出,让她与年轻人在价值观上更加契合。主创团队还在 B 站(哔哩哔哩弹幕网)上开辟了李未可的漫剧《未可 WAKE》,在二次元的世界里游刃有余地来回穿梭。

为李未可打造了独特的人设之后,主创团队推出了虚拟潮牌产品——李未可 AR 智能眼镜。主创团队把李未可的形象融入 AR 眼镜中,让她通过产品与用户交互。李未可能投影到用户使用 AR 眼镜的现实环境中,类似于用户现实生活中的一位 NPC,重构用户的感官体验。

自然语言处理、语音合成等语音交互技术造就了李未可 AR 眼镜产品的核心功能。公司的算法团队结合 CV 深度学习模型、数字人驱动模式和超写实的 CG 人物在产品中的光学呈现,使虚拟数字人在 AR 眼镜中更加拟人化和情感化,给用户带来沉浸式应用体验。

李未可的公司深度塑造虚拟数字人的形象价值,在 AI 技术和独特人设的支持

下，匹配用户需求，提升产品与用户之间的交互性，从而成功建立了 AR 产品与用户之间的情感连接，为成功的产品营销积蓄动能。

2022 年 12 月初，鉴于相关科技的飞速发展，元宇宙概念火遍大江南北，虚拟数字人浪潮不断翻涌，不少数字人在一夜走红之后，和各大品牌进行了各种梦幻联动，展现出所蕴含的极高的商业价值。《互联网周刊》经过专业评估，发布了"2022 虚拟数字人商业价值潜力榜单 TOP10"，如图 14-4 所示。

2022 虚拟数字人
商业价值潜力榜单 TOP10

1 度晓晓（百度）
2 AYAYI（燃麦科技）
3 柳夜熙（创壹科技）
4 洛天依（天矢禾念）
5 川CHUAN（MOS MATE）
6 A-soul（字节跳动）
7 Dr.Yu宇博士（量子匠星）
8 李未可（杭州李未可）
9 希加加（百度）
10 贝拉（博拉智科）

图 14-4　2022 虚拟数字人商业价值潜力榜单 TOP10

10 位上榜的虚拟数字人各有特色，魅力十足，都可以成为连接品牌与用户的纽带，实现虚实交互，具有巨大的商机。《互联网周刊》特别提到，Z 世代的主要消费需求体现在精神消费、内容消费等方面，在这些领域，虚拟数字人可供发挥创意的空间很大。

14.2.3　虚拟商品汇成营销潮流

虚拟商品汇成品牌营销创新的大潮。数字藏品是 Web 3.0 生态中典型的虚拟商品，也是 Web 3.0 营销的重要工具，为品牌营销提供强大动能。作为 NFT 的一种具体应用形式，数字藏品基于加密运算技术，将模型、音频、图片等数字资产或实体资产写入智能合约，具有独立的元数据和认证代码。

数字藏品并非传统意义上的艺术作品，而是对应特定的艺术品或作品，在区块链上生成的独一无二、无法复制的数字凭证。2021 年上半年，我国一些知名互联网企业发布了数字藏品，如腾讯的"幻核"、百度的"超级链"、蚂蚁集团的"鲸探"、京东的"灵稀"等。此外，国外知名奢侈品品牌 Gucci 与国内知名运动品牌安踏和李宁，也都发布了数字藏品。

对于品牌来说，数字藏品不仅是一种全新的营销产品，还是一种数字创意的承载形式。小蚁数智科技有限公司（以下简称"小蚁数智"）是一家用户关系创新解决方案服务商。在其他企业对数字藏品持观望态度时，小蚁数智率先发布了一款名为"趣动藏品"的数字藏品，成为一站式 NFT 营销加速器。"趣动藏品"是我国首个打通阿里蚂蚁链、腾讯至信链、长安链、京东智臻链等区块链的 SaaS 工具，能为用户提供一键上链服务，帮助用户入驻 Web 3.0 并发行 NFT，为用户在 Web 3.0 时代提供更多业务增长可能。

具体来说，首先，小蚁数智帮助国内多家企业搭建数字藏品主流生态链。它能结合客户品牌的特有元素和属性创建数字藏品，进而将客户的数字藏品转化为可升值的数字资产，让品牌资产数字化，实现资产价值最大化。

其次，小蚁数智除了对客户的数字藏品进行精细化运营，还打造数字藏品产品线，破解数字藏品批量生产引发的同质化竞争问题，形成数字藏品的价值体系，拉动数字藏品的营收。

最后，小蚁数智着力利用私域营销提升数字藏品的圈层价值，在 AR、VR、虚拟空间、线下硬件大屏及各类游戏等创新互动场景中，深挖数字藏品的价值，切实提升终端用户的黏性和用户群体的体验。

伴随 Web 3.0 生态的发展，数字藏品将继续作为品牌营销的主体工具，承载营销主体的创新个性，深化品牌营销的价值。

14.2.4　元宇宙：沉浸式数字营销场景

元宇宙横空出世，AR、VR 等技术的运用使得元宇宙中的交互更具沉浸感，拓宽了品牌营销的赛道，为企业业绩开辟了一个广阔的增量空间，同时变革了元宇宙营销的范式。

当代年轻人对新鲜事物有极大的热情，对元宇宙更是抱有浓厚的兴趣。元宇宙为他们提供多元的互动玩法，营造有趣的交互体验。流行文化的注入为元宇宙打上了当代潮流文化的标签，成为年轻群体追逐的"社交货币"。

元宇宙能够帮助品牌打造数字营销场景，成为品牌接触用户、连接目标消费群体的重要阵地。例如，三星公司在 Roblox 平台上打造了一个元宇宙虚拟游乐场，取名为"Space Tycoon"。

这个虚拟游乐场由三部分组成，分别是商店、实验室和"采矿"区。玩家可以在商店内购买道具，在"采矿"区寻找资源，或者在实验室中研发三星虚拟产品。当然，玩家间还可以开展社交活动。

在品牌营销方面，虚拟游乐场让消费者有机会以独特、新颖的方式体验三星的产品，获得由三星提供的在虚拟空间中探索各种可能的绝佳体验。

再如，全球知名奢侈品品牌 Gucci 在 Roblox 平台上举办了一场名为"The Gucci Garden Experience"（古驰艺术花园体验）的活动。在为期两周的活动中，用户可以在平台上购买限量版 Gucci 配饰，用于装扮自己在艺术花园中的虚拟形象。

活动中的花园以位于意大利佛罗伦萨的一个花园为原型，设置了不同主题的 Gucci 空间。用户进入空间后，将变身为模特；在空间内四处游览时，用户的虚拟形象会随着体验而发生变化。

Gucci 还推出了一些限时购买的单品，供用户自行选购，而交易使用的是元宇宙虚拟货币 Robux。随着单品转售次数不断增多，单品的价格不断上涨，逐渐超越实体单品的售价。

14.3 Web 3.0 营销推动品效增长

在 Web 3.0 营销方面，站在风口博眼球不是目的，借助 Web 3.0 营销推动品效增长才是关键。为此，品牌需要从认知、战略、平台和创意等维度入手，不断打磨自己的 Web 3.0 营销模式，用创新的思维和技术手段挖掘 Web 3.0 营销的"金矿"。

14.3.1 刷新认知：洞察 Web 3.0 营销

Web 3.0 营销是以区块链技术为依托的新型品牌营销模式。品牌营销人应主动对 Web 3.0 营销这一课题建立起全面、系统的认知，为创新性应用夯实基础。

相较于传统品牌营销，Web 3.0 生态中的品牌营销更加高效，立足于区块链技术实现品牌营销内容和内容资产的分布式存储与管理。这种去中心化的方式可以避免品牌营销内容被篡改和营销过程中出现"单点故障"，保证了品牌营销内容的真实性和可靠性。

不同于传统品牌营销着力于采集用户信息，Web 3.0 营销侧重于鼓励用户更加积极、主动地参与企业组织的活动。用户和商家无须借助中介就可以直接交流、互动并完成交易。直接、便捷的交互在降低交易成本的同时，也有利于提高交易效率和用户满意度。

品牌营销活动中产生的所有交易数据和流程都被记录在区块链上，任何人都可以验证和追溯数据的来源、真实性和有效性。透明的机制可以有效地防止虚假信息的传播和欺诈行为，让用户对企业的活动及其所传递的信息和内容产生信任。

根据 Web 3.0 营销平台对用户数据的精准分析，商家能够更好地了解用户的兴趣和需求，以优化品牌营销策略、战术的落地及相关投入的分配，有利于提高品牌营销活动的收益比。同时，Web 3.0 营销平台能够实现透明化运营，这有助于提高平台的信誉度和品牌营销效果，使品牌获得更多收益。

在 Web 3.0 时代，品牌营销人应把握时代脉搏并不断实践，助力 Web 3.0 营销成为新时代品牌营销的主流方式。

14.3.2 制定战略：使用科学的 Web 3.0 营销法则

Web 3.0 营销的成功，有赖于框架性思维和技术应用的支撑，需要秉承以下营销法则，如图 14-5 所示。

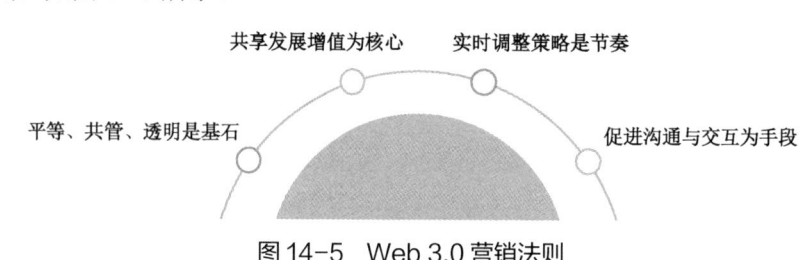

图 14-5 Web 3.0 营销法则

1. 平等、共管、透明是基石

Web 3.0 营销首先需要解决的是在用户自治的生态模式下与用户建立稳定的信任关系。区块链、NFT 等技术手段能够让用户不打折扣地感受到品牌的诚信和流程的公开透明。同时，品牌要在价值观层面接受和尊重用户在市场上的主体地位，以及由此衍生的在业务运营、品牌营销过程中的平等地位，真诚地拥抱用户，并通过机制设计确保用户发挥参与、共管的作用。平等、共管和透明，是品牌跻身 Web 3.0 时代营销成功榜的"投名状"。

2. 共享发展增值为核心

共享是 Web 3.0 经济的关键标签。企业作为去中心化、分布式 Web 3.0 生态中的一个节点，其发展脉络已经突破了条状的自身所在行业和块状的相邻产业，而呈现蜂窝状的立体结构，可以不断地把自家的产品和服务与任何可以产生价值的节点对接、融合，裂变出新的产品和服务，共享通过更好地服务目标用户所产生的新的商业机会。

在 Web 3.0 时代，B2B、B2C 等企业划分形式可能会消失，企业和用户（组织用户和个人用户）相互交织，通过 DAO 的形式共享共治，朝着共同的目标迈进。

共享经济中的品牌营销一定会带有深深的共享的烙印。品牌应该致力于传播自己的价值观，以唤醒、吸引和激励志同道合的企业、群体和个人，在合作中共享资源、精进管理，使共有利益最大化，造福整个社会。

3. 实时调整策略是节奏

任何时候，企业想要实现持续发展，都需要根据市场和用户反馈，及时调整品牌营销策略。在市场和用户需求发生巨大变化的 Web 3.0 时代，更是如此。Web 3.0 会赋予企业必要的技术手段，帮助企业及时获知市场和用户的反应。人工智能和大数据等技术让品牌能够更加精准地把握和预测用户需求，助力品牌为用户提供更加贴切和个性化的产品或服务，更好地满足用户需求。人工智能和大数据等技术也能对市场潜在机会和发展动向进行深入洞察，辅助企业制定更为精准的品牌营销策略并有效实施。

4. 促进沟通与交互为手段

在 Web 3.0 时代，沟通和交互无处不在，涉及各行各业，遍布社会的各个角落。元宇宙是一个交互的能量场。在这样的大背景下，品牌营销的重点在于，在社交媒体平台和元宇宙平台上与用户加强互动与沟通，进而建立起完善、互信、共享的社交连接和牢固的情感连接。交互的环境与技术唾手可得，渴望交互的用户数量不断增加，品牌营销人需要做的是端正态度，真诚、共情地与用户展开对话与交流。

提出 Web 3.0 营销法则旨在提醒品牌在营销过程中，注重用户所表现出来的自主性、社交化和个性化特点，以及沟通的实时化和交互化特点，采用适当的技术手段、组织形式和资产增值方式，提升用户的忠诚度，推进品牌的可持续发展。

14.3.3 选择平台：实践于 Web 3.0 主流营销平台

选择合适的营销平台对于企业品牌营销的成功来说至关重要。众多 Web 3.0 营销平台都着力于建设更加系统、完善的品牌营销生态，以吸引品牌方和公众的青睐。

腾讯云推出了一款完善的 Web 3.0 营销平台，可以提供数字藏品和数字空间营销服务，为品牌设计并发行数字藏品，助力品牌搭建数字营销空间。该平台主要有以下几项功能。

（1）数字藏品生成。该平台基于 AI 算法和图像处理技术，能够实现智能图片素材生成、图片或视频由 2D 转 3D 等，形成多种类型的数字藏品。

（2）数字藏品发行。基于腾讯至信链，该平台可以帮助品牌完成资质注册并将数字藏品发行上链。

（3）数字藏品营销。该平台可以协助品牌开展形式多样的数字营销活动，如数字藏品免费抽取、数字藏品兑换、数字藏品定向"空投"等。

（4）数字藏品发售。该平台可以帮助品牌发售数字藏品，实现数字藏品定时售卖、提前售卖等，并进行订单管理、支付结算。

不少品牌已经与腾讯云的这一 Web 3.0 营销平台合作开展了品牌营销活动。例如，无糖口香糖品牌"炫迈"就曾与之携手，开展了数字藏品抽奖活动。活动期间，用户扫描炫迈口香糖外包装上的二维码即可参与活动，抽取数字藏品。这一活动有效提升了炫迈产品的销量。

14.3.4 寄语品牌营销人：空杯心态+善用人工智能

2023 年 4 月下旬，上海、杭州两地的地铁站里出现了飞猪旅行的全新线下

AI 广告，如图 14-6 所示。从埃及吉萨金字塔、四川色达佛学院、内蒙古满洲里套娃酒店到贵阳天硐地心秘境之旅的精美画面，都出自 AI 的奇幻想象与智能创作。人们在惊叹之余，也会产生"广告人要失业了"的担忧。

图 14-6　飞猪旅行线下 AI 广告

诚然，AIGC 已经开始承担创意人、传播人的一部分日常工作，如广告策划、文案策划、图片生成等，而且有可能更快、更深入地融入品牌营销领域。经历了短暂的工作安全感的焦虑之后，品牌营销人应该深入思考自身的哪些优势是 AI 替代不了的，换句话说，什么是 AI 做不了的？

在 Web 3.0 时代，内容为王、交互为本、价值生成为要。价值生成依赖内容和交互。而内容和交互相辅相成，都基于思想力和情感力。这是人相对于机器（包括智能机器）的根本优势所在。

Web 3.0 生态为品牌营销人展现其创新性提供了极大的空间。"机遇与挑战并存"，此言不虚！品牌营销人的创新性将直接影响 Web 3.0 营销效果，创新性强，就能为品牌、用户乃至整个社会创造出更多的商业价值和内容资产。

创新性源自批判性思维。品牌营销人要走出 Web 2.0 的舒适圈，从 Web 3.0 的维度重新审视所有过往行之有效的营销经验和玩法，包括但不限于对用户群体的理解和分析、营销策略、产品设计、传播内容与话术、创意模型、传播渠道选择，以及对于营销传播效果的界定与衡量等。空杯心态对于品牌营销人在 Web 3.0

时代的成功转型尤为重要，是品牌营销人在 Web 3.0 时代必备的心理建设。

同时，Web 3.0 时代数据量巨大，而数据挖掘和分析是决策和具体实践的基石。品牌营销人如何能够迅速地通过数据分析来预测市场趋势，分析用户需求，进而制定精准、新颖的营销策略？

人工智能技术无疑是品牌营销人得力的助手。人工智能的应用会越来越广泛、越来越深入，依托其强大的机器学习能力，基于所获取的大量数据和所掌握的宽泛知识，人工智能算法能为品牌营销人提供视角宏大、逻辑严谨的决策建议。以此为基础，品牌营销人充分发挥自身的创造性和共情力，创造出个性化凸显、创意纷呈的品牌营销杰作，以赢得用户的钟情与支持。